大师印象

MASTER
IMPRESSION

罗秉利　著

ZHEJIANG UNIVERSITY PRESS
浙江大学出版社
·杭州·

图书在版编目（CIP）数据

大师印象 / 罗秉利著. — 杭州：浙江大学出版社，
2023.8

ISBN 978-7-308-23996-7

Ⅰ. ①大… Ⅱ. ①罗… Ⅲ. ①文化－名人－列传－中国
Ⅳ. ① K825.4

中国国家版本馆 CIP 数据核字 (2023) 第 120177 号

大师印象
DASHI YINXIANG

罗秉利　著

责任编辑	赵　静	
责任校对	胡　畔	
封面设计	林智广告	
出版发行	浙江大学出版社	
	（杭州市天目山路148号　　邮政编码　310007）	
	（网址：http://www.zjupress.com）	
排　　版	杭州林智广告有限公司	
印　　刷	杭州高腾印务有限公司	
开　　本	880mm×1230mm　1/32	
印　　张	5.875	
字　　数	120千	
版 印 次	2023年8月第1版　2023年8月第1次印刷	
书　　号	ISBN 978-7-308-23996-7	
定　　价	58.00元	

前言

Foreword

　　写《大师印象》的念想已经有十多年了，自 2016 年我出版个人第一本散文作品集——《箬溪精舍随笔》之后，就有了更多的时间去了解现当代的这批文化大师，他们的人格魅力始终在召唤着我向他们走近，而我愈走近，就愈觉得他们的不凡和平凡，不凡的是他们的丰功伟绩，平凡的是他们的常人生活。

　　这批文化大师生活在或曾经生活在一个不幸的时代，中华儿女刚刚从旧中国苦难的岁月里走出来，大部分人都是文盲，而这批大师却是幸运的，他们接触到了新知识，也了解到了外面的新世界，所以他们都有"知识救中国"的豪情壮志，都有"我不下地狱谁下地狱"的担当精神，他们站在时代的风口浪尖，纵横捭阖，上下求索，或成功，或失败，都为我们留下了作品和足迹。

　　曾经有人建议我写写长兴本地的文化名人，说实话，我不是没有想过。尽管浙江人杰地灵，人才辈出，可他们不全是文

Foreword

化名人，属于我们长兴的就更少了。于是我放眼全国，把这批文化大师大致罗列了一遍，其中有现代的伟人，也有当代的精英，但不管怎样，他们都曾在那个动荡觉醒的年代生活过，奋斗过。

当然这些大师也不全是男性，林徽因和张爱玲是那个年代公认的才女，还有来自苏州的一位大家闺秀——张充和女士，凑起来也有9位了，大多还可以称为"先生"，现在都已经作古了。

每写一位大师，我是要精读一两本人物传记并翻阅他们的作品的，前后读了有一百多本书，然后挑选出其中最精彩的部分，把最出彩的事迹介绍给读者朋友们。当然，这里掺杂了我个人几十年来的感悟和思索，也算一点心得吧。46位大师就是一个巨大的火球，光芒太过耀眼，我似乎不能靠得太近，否则有被"熔化"的可能。他们就像太阳，而我只能算是地球一

Foreword

样的行星，围绕着太阳转，终究无法靠近。不过，我也很享受这种保持一定距离的感觉，若即若离，默默地仰视，岂不更好？

这批文化大师，我陆陆续续地写了三年多，正好是国家防控新冠疫情的三年，不能出远门，却可以静心地阅读，与大师们对话，在文字里穿梭。这里要特别感谢北京《新华书目报》社的孟凡女士，她帮我在《新华书目报》的副刊上开设了专栏，标题就是"大师印象"，一篇篇地发表，前后发表了三年多。这段跋涉，这种坚持，离不开她的热情鼓励。她是编辑，也是我这本书的第一位读者，真是有幸有缘！

说到《大师印象》的写作初衷，其实我也是想为全国的中小学生朋友们编写一本作文素材书。现在有很多家长和学生都在抱怨："孩子哪有时间看书？书店哪有好的素材？"我也深有同感。我是学校图书馆的馆长，也是高中创新班的阅读课老师，我比一般的家长和老师更加了解孩子的阅读现状和需求。我其实是在帮他们选书，帮他们阅读，然后提炼出最精华的人物传记，呈现给学生朋友们，让他们能够在最短的时间内读到最有用的素材，而且这些素材还可以帮他们树立标杆，明辨是非，成就最好的自己。

本书目录是按照我在北京《新华书目报》上连载的顺序排列的，下面都标注了写作或发表的时间，是为纪念，诚谢！

人们都说："大师已去，再无大师！"但我相信榜样的力量是无穷的，我也非常看好和期待未来的学子们，他们也一定会站在前辈大师们的肩膀上，高瞻远瞩，创造属于这个时代的另类辉煌！

罗秉利

于长兴"箬溪精舍"书斋

2023 年 3 月 30 日

001 ······ 风趣的金岳霖

005 ······ 风流的郁达夫

008 ······ 真实的鲁迅

012 ······ 多情的梁实秋

016 ······ 幽默的林语堂

020 ······ 狂傲的刘文典

023 ······ 博学的陈寅恪

026 ······ 图强的梁启超

030 ······ 多难的沈从文

034 ······ 直爽的傅斯年

038 ······ 包容的蔡元培

042 ······ 绝代的林徽因

046 ······ 端庄的张充和

目
录
Contents

I

049 ...... 正直的梅贻琦

052 ...... 孤独的梁思成

056 ...... 彷徨的王国维

060 ...... 渊博的赵元任

063 ...... 狂放的刘师培

066 ...... 迂腐的吴宓

069 ...... "疯癫"的章太炎

073 ...... 随和的冯友兰

077 ...... 皈依的李叔同

081 ...... 耿直的梁漱溟

085 ...... 爱国的朱自清

089 ...... 浪漫的徐志摩

093 ...... 贤淑的杨绛

097 ...... 爽朗的老舍

101 ...... 坚强的巴金

105 ...... 自傲的张爱玲

109 ...... 内向的曹禺

113 ...... 纯真的冰心

117 ...... 随性的汪曾祺

121 ...... 呐喊的闻一多

125 ...... 淡泊的钱锺书

130 ...... 执着的季羡林

134 ...... 倔强的傅雷

138 ...... 惆怅的戴望舒

142 ...... 薄命的萧红

146 ...... 洒脱的丰子恺

149　......　固执的苏雪林

153　......　飘零的苏青

157　......　杰出的凌叔华

161　......　乐观的孙犁

165　......　朴实的赵树理

169　......　多产的张恨水

173　......　热忱的俞平伯

177　......　书评

风趣 的 金岳霖

金岳霖是湖南长沙人，辛亥革命那一年考取清华学堂，后官费留美，在哥伦比亚大学获得政治学博士学位。1925年从英国归来，在清华学校担任哲学教授。

他是一位相当风趣幽默的先生，终生未娶，却颇有女人缘，尤其还得到过女神林徽因的芳心。他身材高大，仪表端庄，常常西装革履，执一手杖，戴着墨镜，一副英国绅士的派头。汪曾祺先生曾是他的学生，汪先生回忆道："金先生的样子有点怪，他常年戴着一顶呢帽，进教室也不脱下。每一学年开始，给新的一届学生上课，他的第一句话总是：'我的眼睛有毛病，不能摘帽子，并不是对你们不尊重，请原谅。'"

金岳霖对学问极为专注，时常达到"忘我"的境界，这可能也是搞哲学的学者的一大通病。说是专注，实则有点书呆气和迂腐，他有时甚至会忘记自己的名字。他经常坐在办公室里一个人发呆，有次在国立西南联合大学（简称西南联大）"跑警报"时，竟把坐在屁股底下的《知识论》手稿遗忘掉了，只好重新撰写，耗时长达十余年。

他做事很执着，教学也很有方法。听过他讲课的人都佩服于他的博学和幽默。胡乔木是他的学生，曾回忆道："他年轻力壮，讲课生动，很有吸引力；他旁征博引，上下古今无所不谈，学生非常爱听。"他从不教"死书"，也不搞"死学问"，给学生考试也是打破传统，出一道题让学生自己去图书馆查找资料，做好了即可交卷。这一点颇似林语堂的"相面打分"，赢得学生的一致好评。

金岳霖是个"怪人"，除了行为举止有点古怪，还有很多癖好，比如喜欢收藏"大号的水果"，什么大苹果、大梨、大橘都是他的收藏对象，常将之陈列在房间最显眼的地方，并不吃，只是为了欣赏。他还喜好美食，尤其是湖南菜，可能一辈子喜欢家乡的味道吧，他对侄女金莹做的湖南名菜——豆豉蒸肉情有独钟。他曾酷爱养鸡，这可能跟才女林徽因有关，由于常年住在林徽因隔壁，林徽因送给他几只小鸡，他就将之视若珍宝，并将它们养得很壮。后来抗战期间，林徽因在四川李庄肺病复发，卧床不起，金岳霖就养鸡帮她滋补身体，这让林徽因万分感动。他还热衷斗蛐蛐，迷恋烟酒，但后来知道烟酒有害身体，就开始减量，坚持散步锻炼身体。

金岳霖爱好真的太广泛，还酷爱过京剧与诗作，学生汪曾祺可能受他影响最大。金岳霖一生独居，并不是没有过情人，曾有一位外国女友（中文名秦丽莲）和他同居过一段时间。后来徐志摩去世之后，金岳霖成了林徽因客厅上的主客。林徽因也曾想过离开梁思成与金岳霖私奔，可绅士风度的金岳霖没有携才女逃跑，而是选择了暗恋一生。1955年，林徽因溘然仙逝，金岳霖痛不欲生，并和邓以蛰联名送上挽联："一身诗意千寻瀑，万古人间四月天。"痛惜之情溢于言表。林徽因去世多年，金岳霖还念念不忘她的生日。一次他在北京饭店宴请一些至交好友，众人大惑不解，他开席前宣布："今天是林徽因的生日！"举座哑然。后来梁思成再婚娶了学生林洙，他就跑到林徽因的墓前，痛斥梁某人的移情别恋，还要天堂里的林徽因知道自己才是最爱她的人。

晚年的金岳霖和林徽因的儿子梁从诚一家住在一起，梁从诚称呼他为"金爸",金岳霖也很依赖梁从诚,好似嫡亲父子一般友好相处。1984年10月19日,金岳霖在北京寓所逝世,享年90岁,他的骨灰被安置于八宝山革命公墓,与林徽因的墓仅一箭之遥,也算含笑九泉了。

2020年2月25日稿

风流
的 郁
达
夫

　　认识郁达夫是因他那篇收入高中教材的《故都的秋》，被他深情的文字所吸引，欲罢不能。大学求学时，翻阅了《郁达夫文集》，震惊于《沉沦》赤裸裸的表达方式和其对日本军人的无比痛恨，于是决定去学日语。毕业求职时，又得知郁达夫曾在嘉兴一中（当时称嘉兴府中学）就读过，我便义无反顾地去了嘉兴一中工作。

　　这样一位有点颓废、才气横秋、狂热爱国的个性文人好像一直在左右着我的前程，他就像是一个神，让我顶礼膜拜，崇敬却又无法接近。

郁达夫的童年绝对是不幸的，早年丧父，依靠母兄维持生计，后又在哥哥郁曼陀的帮助下东渡日本求学。他勤奋苦读，立志报国，为此曾公然挑战过日本老牌政客——尾崎行雄，为积贫积弱的中国赢得一丝尊严。他那拍摄于日本的制服照真的很酷，我却不知道这制服竟是来自同乡的馈赠。七年东瀛寒窗，本想报国图强，不料当局腐败不逊于清廷，便毅然退出政坛闭门著书。

他是标准的"穷则独善其身，达则兼济天下"型文人，靠出卖文章赚得人生的第一桶金后，便到处施舍，尤其对落魄的文学青年关爱有加，如沈从文、陈翔鹤、刘开渠等人常至郁达夫处聊天，郁达夫发薪水了就请他们吃饭饮酒，一帮穷学生在动乱贫困的年代也总算看到了一线曙光。

可是郁达夫还是太不专情了，也过于浪漫了，好好的老婆孙荃他不懂得疼爱怜惜，偏偏对交际花王映霞失魂落魄。尽管郁达夫如愿抱得美人归，在上海十里洋场招摇过市，可最后还是不懂得珍惜，终日饮酒烂醉如泥，逼得美人离他而去。他也只能孤身留守南洋，新加坡沦陷后又漂泊于印度尼西亚的苏门答腊岛。他始终是爱国的，在异国他乡亦不忘曲线救国，周旋于日本宪兵与当地武装之间，无奈势单力薄，终被汉奸告发，遭日本宪兵秘密杀害。他就这样神秘地失踪了，没有留下一点音讯，却留下了无数遗憾。

他一生有过三段婚姻，爱他的人，他不爱；他爱的人，又不忠贞。这不全是女人的过错，更有他自己性格上的缺陷。童年的苦难造成了他性格上的孤僻与自卑，自恃才高便到处拈花惹草，好色好酒成了他一生的致命伤，也因此失去了一次次上升的机会。

那个时代的文人，似乎都追求过浪漫，如徐志摩、郭沫若、戴望舒等人都不止一段恋情，可最终"妻离子散，家破人亡"者莫过于郁达夫。他喜欢"铁肩担道义，妙手著文章"，可偏偏生不逢时，国家沦陷，母兄惨死，大儿夭亡，这一切都如霹雳惊雷，也加深了他对日本军国主义的仇恨。

在抗日的道路上，他越走越坚定，也越来越危险，企图利用自己的日语功底左右逢源，却不料早被识破，难免一死。"万一青春不可留，自甘潦倒作情囚。儿郎亦是多情种，颇羡尚书燕子楼。"这首他早年写给孙荃的旧诗已经预言了他最终的结局：为情所囚，为爱所困，为国而亡。

新中国成立后，政府追认他为革命烈士，这是对他爱国行为的一种肯定，并不代表对他情爱生活的全盘包容。作为现代文人，他算是比较有个性的一位，幸好历史的评价总是公正的。

我喜欢他的才气，敬佩他的爱国，有这两点崇拜的理由，或许就足够了。

2020 年 11 月 21 日稿

真实
的 鲁迅

　　"鲁迅"是 1918 年周树人发表《狂人日记》时开始使用的笔名。这个笔名很有号召力和影响力，一百年前曾唤醒了国人，一百年后仍启迪着国人。我去过绍兴鲁迅故居两次，站在"百草园"里仍感觉到当年的叫天子还在鸣叫；凝视"三味书屋"，仿佛还能看到一个摇头晃脑正诵读四书五经的周樟寿（周树人原名）小朋友。

　　鲁迅从小家境殷实，但由于祖父的牢狱之灾和父亲的久病不愈而家道中落。"有谁从小康之家而坠入困顿的么，我以为在这途中，大概可以看见世人的真面目。"这是鲁迅成年后的坦言，家庭的变故对童年的鲁迅打击的确很大，使他从小就感受到了世态炎凉和生活不易。然而，鲁迅也是幸运的，毕竟瘦死的骆驼比马大，他从小就在城里颇有名望的"三味书屋"读私塾，又通过关系去了江南水师学堂，后又官费留学去了日本（这主要靠成绩），这一切并非普通人家可比。

在日本求学的鲁迅并不安分，一会儿学医，一会儿又学文，想反清又不想介入政治，待到秋瑾被杀、章太炎被捕，他才开始有所触动，就想着"我以我血荐轩辕"，最后毅然决然地拿起笔杆子，警醒了世人，更鞭挞了国民党当局。

国民党要员也曾拉拢鲁迅，可是几次抛出的橄榄枝都被他冷漠地拒绝了。他总是"横眉冷对千夫指"的样子，对政客如此，对为当局服务的文人更是如此。胡适、林语堂、梁实秋、陈西滢，这些喝过洋墨水的高级文人与学者都难逃他的"唾骂"，真可谓百年前的一道文坛"奇景"。

当然，鲁迅也是一个食人间烟火的人，也有自己的欲望和恋情，比如他写给许广平的《两地书》就很"温柔"。当年他和学生萧红也很聊得来，常常彻夜长谈，一点也不避嫌。这时的他，好像才是一个真实可亲的人。鲁迅给人的印象就是特立独行，衣冠不整，有点穷酸文人的模样。可事实上，他并不缺钱。鲁迅自日本归国后，做过中学校长，又当过公务员，后来还受聘成了大学讲师。最主要的，他还是一位畅销书作家，在当时作家的"收入排行榜"上应该有他的名字。

鲁迅不但不缺钱，现在看来还是生财有道的。可能小时候的家庭变故使他对钱格外敏感，也使他很早就懂得了赚钱的重要性。在北京和兄弟母亲一起生活时，生活开支大多数由鲁迅一人承担。后来与兄弟（周作人）反目，鲁迅搬出来独居，这时便萌发了爱情，也算是孤寂中的情窦初开。

鲁迅的爱情犹如铁树开花，也是难得一见的"风景"。在厦门大学时的鲁迅就是热恋期的鲁迅，他在这期间写的文章也最具感情色彩。一个人躲在厦门大学的小楼里静静地回忆着自己的过往，从童年到青年，再到中年，从绍兴想到南京，再想到日本，洋洋洒洒写成了一部《朝花夕拾》。后人若仔细翻阅，从中可以清晰地看出他的心路历程。

鲁迅成名后特别喜欢穿长衫，一副先生的模样；头发总是直直地向上挺拔，显示出桀骜不驯的性格；胡子也总是密密的一小撮；最主要的还在于"手不释烟"，书房里总有一只烟灰缸，弥漫着挥之不去的烟味。如今在绍兴鲁迅故居前，就有一座手持烟卷的鲁迅雕塑，很形象也很逼真。

鲁迅和许广平的独子——周海婴先生曾"抱怨"："在20世纪的相当一段时间里，鲁迅被严重地误读了，成了一个'阶级斗争化'的鲁迅。"在周海婴的童年印象中，鲁迅只是一位勤于写作，身着黑色长袍，有着浓浓的眉毛、厚厚的上唇须、深邃的眼眸和慈祥的微笑，右手两根手指还夹着一支香烟的充满正义感的父亲。而这样一位父亲，更显真实与可爱。

2020 年 11 月 26 日稿

多情 *的* 梁实秋

　　喜欢梁实秋，是因为他的《雅舍小品》。他那风趣、幽默、俏皮的散文如一阵春风吹过高校的校园，引起了无数文艺青年的追捧与膜拜，其中也包括我。

　　梁实秋早年毕业于清华大学，他在该校读了八年书，然后赴美留学，并获得哈佛大学文学硕士学位，学业可谓一帆风顺。1926 年，他没有用完庚子赔款的奖学金就匆匆回国了，思乡心切的缘故吧，回国的当天他就在上海痛吃了一顿家乡美食。回国后，与未婚妻程季淑喜结良缘。程氏是安徽绩溪人，出身名门且知书达理，与梁实秋也算门当户对、天作之合。

梁实秋家境优越，又是名校毕业，却没有徐志摩那般风流浪漫，他的勤奋在学界也是有口皆碑的。当年胡适曾物色五人去翻译《莎士比亚全集》，闻一多、徐志摩、陈西滢和叶公超都没有完成，甚至没怎么动笔，只有梁实秋坚持了下来，而且一译就是36年。同时他还完成了《远东英汉大词典》的编撰工作，两个大部头足以奠定他在学术界和翻译界的地位。

当年我只顾欣赏《雅舍小品》中的美文，殊不知"雅舍"两字还颇有一段来历，竟跟他的红颜知己龚业雅有关。相传龚女士也是才情非凡，一眼就识得梁实秋是匹散文界的黑马，不仅鼓励他多出作品，还在生活中提供快乐的源泉。后来两人越走越近，居然还真闹出了绯闻，对簿公堂之后梁实秋只能悬崖勒马，重回程季淑的温柔乡。梁锡华在《一叶知秋》中评论梁实秋说："他有胡适先生的温厚亲切，闻一多先生的严肃认真，徐志摩先生的随和风趣。"对梁实秋的性格简直刻画得入木三分，此时的他应该表现出了志摩兄的风流倜傥。

梁实秋完全是一位性情中人，主张文学不分党派，没有阶级，因此，20世纪30年代还莫名其妙地卷入了与鲁迅先生的笔战中。许是他过于追求自由，追求文学的人性化，遭到了鲁迅的痛骂，并给他戴上了"丧家的资本家的乏走狗"这顶大帽子，也是这顶甩不掉的"资本家的走狗"帽子逼他最终离开了大陆，至死未归。

梁实秋一生得到过三位女子的芳心，原配程季淑对他嘘寒问暖，续弦韩菁清情愿守寡，更有龚业雅与之精神恋爱。尤其女明星韩菁清比他小了30多岁，大家都说三道四，指指点点，只有冰心懂他，说他只是想感受一下"自由恋爱"的幸福。可梁实秋晚年的"第二春"好像并不能弥补他的思乡之苦，去世之前，他再三叮嘱家人，要把自己葬在台湾淡水北新庄北海公园墓地里，因为此处地势较高，可以远眺大陆。"乡愁是一方矮矮的坟墓，我在里头，大陆在外头。乡愁是一湾浅浅的海峡，我在这头，大陆在那头。"他在台湾时常和余光中先生聊起乡愁，聊起隔海相望的大陆，毕竟他大半生的回忆都在那儿，如今可望而不可即，思念之情难以言表。

是啊，人到晚年，都有落叶归根的愿望，大名鼎鼎的梁实秋亦是如此。据说他还有一个遗恨，就是抱怨自己一生没有写出一本属于自己的鸿篇巨著，而只是写了一些豆腐干散文。我想他是太追求完美了，1949年在台湾出版的《雅舍小品》，后来一版再版，到1975年已达32版之多，而那时的大陆还没有结束"文革"，他的作品在他的故土还处于封禁的状态。

俗话说得好："好看的皮囊千篇一律，有趣的灵魂万里挑一。"梁实秋的灵魂绝对是有趣的，这有趣包括：懂幽默、会生活、识人情。如果你不信，请翻阅一下《雅舍小品》，一切就全明白了。

2020 年 11 月 28 日稿

幽默 的 林语堂

  林语堂对我们而言并不陌生，机智可亲的笑脸尽显"幽默大师"的风采。走近林语堂，你会发现：他的一生既是一部传奇，也是一部幽默剧。

  林语堂出生于福建的一个偏僻山村，可接受的却是西式先进教育，这和他的父亲大有关系。他的父亲作为一名晚清的牧师，没有要求儿女们学习四书五经，而是一直宣扬基督教，宣扬国外的新式教育，这无意中给少年林语堂规划了出国留学的人生。

  林语堂很聪明，也很有人缘，这和他率真、随和的性格有关，后来追求同学的妹妹陈锦端不成，转而迎娶了廖家二小姐廖翠凤。这廖家也是名门望族，贤惠淑达的廖家小姐情愿追随他出国，和他在美国、德国一起度过了艰难的求学时光。林语堂在德国获得博士学位的那一刻，身怀六甲的廖翠凤当街喜极而泣，可见在外学习生活之艰辛。

1923 年，林语堂学成归国，为报答胡适的知遇之恩（主要是借钱），主动担任北京大学教授，后又担任过北京女子师范大学教务长和英文系主任。北京发生学潮，林语堂上了通缉名单，在厦门大学林文庆校长的邀请下前往厦门大学任教。后来，林语堂又介绍鲁迅等人去厦门大学担任教职。这时是林鲁二人的"蜜月期"，两人惺惺相惜，互有好感，后来鲁迅不堪羞辱离开厦门大学，林语堂也辗转前往上海东吴大学任法律学院英文教授。之后，鲁迅也定居上海。在上海期间，他们比邻而居，而林语堂和鲁迅却开始慢慢走向决裂，尤其在北新书局李小峰老板招待的一次宴会上，林鲁二人反目成仇，不欢而散，从此断绝关系。鲁迅临终前解释过这是一场误会；林语堂在鲁迅去世后，也表示自己和鲁迅没有怨恨。一个是立场鲜明的革命偶像，一个是搞笑人生的幽默大师，价值观和性格的差异，或许是两人走向决裂的必然原因。

林语堂是一位相当有商业头脑的文化人，他凭借超凡的语言天赋和中西合璧的才华，把中国文化传播到了西方，又把西方文化介绍到了中国。他的《开明英语读本》在国内销量很好，他的《生活的艺术》《吾国与吾民》在美国的销量同样惊人。他可能是继孔子之后，使西方人佩服中国的第一位文化人。他懂得赚钱，却不善理财，在版税方面被赛珍珠所骗，在发明中文打字机时又倾家荡产。他与他笔下的苏东坡一样，上可交皇亲国戚，下可交贩夫走卒，在他的潜意识中，从来没有"好人"与"坏人"之分，只有"有趣"和"无趣"之别。

他善谈生活的艺术，现实生活中的他同样追求生活的艺术，喝茶有艺术，抽烟有艺术，甚至吃饭、聊天、睡觉、泡澡都讲究艺术。有一次，他在美国讲学，台下有一位女生实在忍不住，语带挑衅地问："林博士，您说中国什么都好，难道美国没有一样东西能比得上中国吗？"林语堂思索片刻道："有的，你们美国的抽水马桶比中国的好。"于是举座喝彩。20 世纪三四十年代，中国遭受日本的蹂躏和践踏，但没有被西方人看不起，部分原因就是像他那样爱国的文人一直在美国输出中国的智慧和哲学，痛斥日本的野蛮与残暴。

这样一位极懂生活、时时享受生活的高级文人，也有自己难念的一本"家务经"。长女林如斯不幸的婚姻，以及后来的投缳自尽，给他造成了巨大的精神伤害。此后五年，林语堂急速衰老，记忆力也开始衰退。1976 年 3 月 26 日，文学大师林语堂在香港溘然长逝，幽默人生戛然而止。

　　赵毅堂在《林语堂与诺贝尔奖》一文中指出："林的中文好到无法翻成英文，他的英文也好到无法翻译成中文。"难怪我拜读他经人翻译的《苏东坡传》时，总有隔靴搔痒、意犹未尽的感觉。如此大师，现世鲜见，后世必定不多矣！

2020 年 12 月 2 日稿

狂傲 的 刘文典

　　刘文典可谓是大师中的"狂人"，他的狂，不是故意的目中无人，而是自然的才华流露，说通俗点就是：刘文典是有资本狂的！

　　他也是现代学术界的元老、革命党中的前辈。自称做过孙中山的秘书，因此不把一般的政客要员放在眼里。在担任安徽大学校长期间，他因庇护学生竟与势头正盛的新军阀头目蒋介石大打出手，后来成为历史的一大"奇谈"。

　　刘文典亦精通几国语言，可当日本入侵中国后，他便绝口不说自己懂日语，并在课堂上痛骂日本，告诫学生务必警惕日本的野心。他的长子也因遵他之命为国请命而不幸离世，作为一代大师，他的爱国情怀可谓感天动地。

刘文典自称精通庄子，他还说世上懂庄子的人只有两个半，一个是庄子本人，一个就是他刘文典，其他人加起来也只有半个。也许是他对庄子的研究太透彻了，于是他的行为举止也颇似庄子，平时不修边幅，邋里邋遢，头发蓬乱，逍遥自在。

如果你要以貌取人，那就大错特错了，尤其像刘文典这样的才子，非一般人能够赏识。那些轻视他的人，只要听他讲上几段话，上过一堂课，便会顿时目瞪口呆，哑口无言。他的学问实在太高深莫测了，不仅赢得了学生的好评，更是连吴宓这样的海归派学者也俯首帖耳。有学生曾回忆刘文典讲解《红楼梦》时的情形："有一次，刘文典在西南联大演讲，由于听讲者众多，不得不移至教室前的广场上去演讲，他的开场白便是：'凡是别人说过的，都不讲！凡是我讲的，别人都没说过！'"他的自信和狂傲非常人能及。

刘文典因为怪僻和博学，抗日战争时期就被视为文化圈里的一道独特的"风景"，甚至可以说是"奇葩"。他不但教学风格独特，为人更是特立独行。刘师培曾是他的恩师，可后来道不同不相为谋就断然分道扬镳，甚至不认这个老师；陶光是他的学生，由于志趣相投，刘文典居然和他称兄道弟，毫无"师道尊严"可言。

他喜欢抽烟，一度还吸食过鸦片，这可能是他的一种精神麻醉剂，可以帮他排解心灵上的痛苦（丧子之痛和国难之苦）。他的种种"劣习"，竟一点也没有影响到他成为学术名人，清华大学、北京大学、云南大学等当时国内的知名高校都争相聘请他作为教授登台授课，并视之为国宝。他虽然一度炙手可热，一生却并没有赚到什么钱，晚年生活依然窘迫，日子过得很艰难，甚至好几次向胡适借钱（主要是要求预支稿费）。胡适真的是有大胸襟的文化官员，能够包容各路"怪才狂人"，并适时提供经济援助，胡适也成了刘文典生命中的"伯乐"。新中国成立后，大陆开始批斗胡适，刘文典还是知恩图报念及旧恩的，在批斗大会上竟没有讲过胡适一句坏话。可这种做法却遭来红卫兵小将的严重不满，他们干脆给他扣上了"反动学术权威"的帽子，以示惩戒。

刘文典胸有丘壑，以致一生都貌视权威，颇有"魏晋名士"之风采，可他的狂傲和放荡不羁，已然超出了某些权威人士能够容忍的底线。他生前所著的《庄子补正》《淮南鸿烈集解》具有一定的学术价值，后世学者评价较高。

是真名士自风流，可爱的刘文典自带魏晋风流，乃真名士也！

2020 年 12 月 23 日稿

博学 的 陈寅恪

陈寅恪是清华国学院五位大师之一，被称为"教授的教授"，连哈佛大学毕业的吴宓、牛气冲天的刘文典都甘拜下风。

傅斯年曾这样评价他："陈先生的学问，近三百年来一人而已。"这不是一句恭维的话，稍稍留意一下陈寅恪的留学经历，便可以知晓。他13岁那年（1902年春）便随长兄陈衡恪东渡日本（同船的还有周树人），开启了长达16年的海外留学生涯。他先后游学于日本、德国、英国、瑞士、法国、美国等发达国家，获得过三个学士学位，却未得到一个博士学位。有人为此纳闷疑惑，他则说："考博士并不难，但两三年内被一个专题束缚住，就没有时间学其他知识了。只要能学到知识，有无学位并不重要。"这就是他的人生观，毕生追求独立之精神、自由之思想，不慕虚名，不求荣华。

他是精神明亮的人，却一生为眼疾所困，青少年时期用眼过度，导致后来高度近视。抗日战争时期视网膜脱落，加之国内战乱而没有得到及时医治，终致双目失明，遗憾一生。他中年后，便生活在黑暗的世界里，在自己构筑的"精神堡垒"里享受着学问大餐。没想到，他晚年摔了一跤，变成了跛足，瘸腿加瞎眼，晚景甚是凄凉。陈寅恪曾对杨东纯谈及自身的命运："左丘失明，孙子膑足，日暮西山。"

陈寅恪博览群书，过目不忘，记忆力超群。他精通八国语言，熟悉20多种文字，其中包括非常冷僻的西夏文、蒙古文、梵文、藏文、拉丁文和巴利文等。他在史学、语言学、文学上的造诣令众多学者都望尘莫及，但他从不以此炫耀，在履历表上"懂得何种外语"一项中，只简单地写上"德语"二字。

他虚怀、僻冷，又敬业而忧愤。他不以学术权威压人，相反，时时不忘提携后人，照顾身边生活艰苦的人。这也是为什么陈寅恪在"文革"中遭批斗时，学生刘节会站出来替老师挨打；含恨离世后，学生蒋秉南（天枢）甘愿放弃自己的学术追求来为老师整理文集。

这么多大师里，他可能是最耀眼的一个，用"先生之风，山高水长"来评价一点也不为过。他痛恨国民党之腐败，也不喜欢俄国式的共产主义，他的精神完全是独立而纯洁的。"天赋迂儒自圣狂，读书不肯为人忙。"这也是他一生坎坷、难遇知音的原因。命运也好像一直在跟他开着玩笑，早年因过度致力于求学，耽误了婚姻，38 岁才与唐筼相识相爱。生下三个女儿后，遭遇日军入侵，书稿遗失，夫人和女儿跟着他颠沛流离。幸好出身名门的唐筼识大体顾大局，放弃自己的事业来照顾身体残缺、心灵痛苦的陈寅恪。

没成想，晚年的陈寅恪没有写出什么鸿篇巨著，相反，他花费大量的时间与精力写出了《论再生缘》和《柳如是别传》，被某些学术权威讽刺为"替妓女立传""不务正业"。可他的苦心和难言之隐，又有多少人能够知晓？正如曹雪芹写《红楼梦》那样："满纸荒唐言，一把辛酸泪，都云作者痴，谁解其中味。"

后人读《陈寅恪诗集》，想到的都是一个意象：啼血！而我读陈寅恪的传记，也只有一种感觉，那便是：痛心！

2020 年 12 月 24 日稿

图强 的 梁启超

　　提起梁任公，简直是如雷贯耳，无人不知。他的那篇《少年中国说》，还有那句"唤起吾国四千年之大梦，实自甲午一役始也"，至今还有相当大的震撼力。

　　梁启超是那个年代少有的学者型政客，他的那支如椽巨笔令清廷震怒，也令袁世凯胆寒。他戊戌变法失败后逃亡日本，是明智的选择，也是中国的幸事，因为此后的护国运动和五四运动都有他莫大的功劳。

　　梁启超早年便显英才。1884 年，12 岁的他考中秀才，17岁中举，当时的主考官李端棻称之为"国士无双"，遂主动将堂妹李蕙仙许配给他。18岁那年，他结识了康有为，两人政见抱负相同。时值甲午战败，就一起"公车上书"，被光绪帝赏识，于是发动了轰轰烈烈的变法图强运动。戊戌变法仅维持了103天，谭嗣同等六人被杀，史称"戊戌六君子"。当年的谭嗣同完全有机会逃去日本，却毅然选择了以鲜血唤醒国人，临刑前喊出了"有心杀贼，无力回天，死得其所，快哉快哉！"的豪言壮语。梁启超比较审时度势，决心苟活下来，以图东山再起。他在逃亡的军舰上写下了著名的《去国行》，感叹道："潇潇风雨满天地，飘然一身如转蓬，披发长啸览太空，前路蓬山一万重……"此时的梁启超不是担心自己的个人安危，而是牵挂祖国的前途与命运。在日本政府和友人的资助下，他终于度过了十多年流亡岁月。武昌起义的枪声让他看到了中国的希望，于是毅然回国，选择与当年的仇敌——袁世凯合作。他明知这是"与狼共舞"，可为了中国强盛，他不惜背负骂名。当袁世凯的称帝野心暴露无遗时，他又不为名利所动，坚决走上了"倒袁"的道路。

世人常常不能理解他那善变的举动，甚至讥讽他为"政治投机分子"。可他却嗤之以鼻，认为这是"自我革新"，是"不惜以今日之我去反对昨日之我"的表现。政治上如此，学问上亦是如此。他自己坦言道："我为什么和南海先生（康有为）分开？为什么与孙中山合作又对立？为什么拥袁又反袁？这绝不是什么意气之争，或争权夺利的问题，而是我的中心思想和一贯主张决定的。我的中心思想是什么呢？就是爱国！我的一贯主张是什么呢？就是救国！"他的这段自我评价可谓客观至极，绝无掩饰推脱之意。

一个人最难的不是坚守信念，而是为坚守信念去改变自我，梁启超真的做到了，他总是在信念的道路上时刻反省自己。他不会像康有为和杨度那样愚昧地保皇，也不会因为日本人的资助而成为亲日派。他有自己的道德底线和人格标准，他从不为虚浮的名利去损害祖国的利益，他总是在寻求一条强国富民的康庄大道。

众所周知，他将自己的书斋命名为"饮冰室"，意在表明自己的忧国忧民之心。当年的日本首相伊藤博文亦感叹道："梁这青年对于中国是珍贵的灵魂啊！"

是的，当一个国家和民族处在危难之中时，就需要有振臂一呼的英雄出现，梁启超就是那个时代的英雄。他目光如炬，步履稳健；他精力充沛，至死不衰；他笔下生辉，让人生畏。他将自己的家国情怀无私地奉献出来，为了亿万同胞，更为了苦难的中国。

"少年智则国智，少年富则国富；少年强则国强，少年独立则国独立；少年自由则国自由；少年进步则国进步；少年胜于欧洲，则国胜于欧洲；少年雄于地球，则国雄于地球。"
这段看似有点重复，甚至有点口号式的话语，不知寄托了梁任
公对中国少年多少的期盼。他至死都没有看到新中国的强大，
却的的确确影响了无数踌躇满志的中国进步青年，其中包括黄
兴、毛泽东、周恩来、鲁迅等一大批赫赫有名的人物。

一个人影响了一个国，真的足够伟大了！

2020 年 12 月 30 日稿

多难的 沈从文

　　沈从文能成为文学大师，天赋是一方面，更主要的是靠后天的不懈奋斗。他只有小学文凭，家境也不好，可谓一生困顿，一生坎坷。可命运待他也不薄，一生也遇到了许多贵人，尤其还娶了令世人称羡的张家二小姐。

　　沈从文有过一段让他刻骨铭心的当兵经历，这经历让他懂得了珍爱生命，也让他的性格变得畏首畏尾。在那个兵荒马乱、动荡不安的年代，当兵是一个相当危险的职业，沈从文14岁就进入了湖南凤凰当地的军事学校读书，很快因学校解散而参军入伍。在部队里，他练就了一手好字，也因此保全了性命。

厌倦军旅生涯的他想去国立北京大学读书，可只有小学文凭的他被无情地拒之以门外。幸运的是，他这个"文艺青年"竟然遇到了徐志摩、郁达夫、林徽因、胡适等文坛大咖，还得到了他们的提携与欣赏。

徐志摩把他介绍给了胡适，胡适让他在上海的中国公学任教，初上讲坛的他还出了一个大洋相，站在讲坛上竟然一言不发，场面有点尴尬，坐在下面的女生中就有后来成为他妻子的张兆和。张兆和对沈从文没什么好感，可沈从文对她却一见钟情。张兆和没有办法，告到了胡适校长那儿。胡适还是惜才的，帮沈从文讲了许多好话。姻缘就是如此捉弄人，在沈从文执着的爱情攻势下，张兆和终于嫁给了这个"乡下人"，并为他生下了龙朱和虎雏两个可爱的小男孩。

看过沈从文代表作《边城》的人，大概都会对小说中的小姑娘翠翠印象深刻。没错！她的原型就是张兆和。皮肤黝黑，却腼腆可爱。后来的《湘行散记》其实也是他在回乡途中写给张兆和的。我们不得不佩服爱情的力量，可以让作家的想象力和情感都达到极致。

可幸福的生活并没有持续多久，日本发动侵华战争，使沈从文与张兆和分离多年。在西南联大任教的沈从文并不开心，尽管被聘为教授，尽管拼命写作、认真教学，可还是因为学历太低受到了无形的排挤。奚落他的人中数刘文典最出格，由于日机轰炸，跑警报是家常便饭，可刘文典就是要嘲笑沈从文，认为他没有逃跑的资格，应该被日机炸死。

沈从文多舛的命运，跟他的政见也是分不开的，他既不投靠国民党，也不支持共产党，最终两边都不讨好。新中国成立后，他原本的好友丁玲、萧乾等人都开始疏远他。"文革"中，他被送到干校接受"教育"。后来在中国历史博物馆工作，主要研究文物，也扫过厕所。后来的他好像变了一个人，失去了写作的天赋，却在文物研究领域小有名气，尤其是服饰研究，成了首屈一指的专家，1981年编写出版了《中国古代服饰研究》一书。

"文革"后的沈从文一度迎来了短暂的春天，或许是"墙里开花墙外香"的缘故吧，原本天天挨批的对象，一下子成了受人崇拜的大师，他的住所也从门可罗雀变成了门庭若市。在小姨子张充和的联络下，他还赴美讲学，蜚声海内外。

可沈从文的黄金创作时间已经过去了，他的激情也燃烧得差不多了，所有的赞誉都难以弥补失去的时间和受过的苦难。瑞典文学院院士、诺贝尔文学奖评委马悦然曾为他鸣不平："他的价值是，包括鲁迅在内，没有一个中国作家比得上他。"

1988年5月10日，86岁高龄的沈从文终于走完了他多难的一生，正如小姨子张充和对他的评价："不折不从，亦慈亦让；星斗其文，赤子其人。"他的谦逊、他的笑容、他的任劳任怨，还有他的作品将永远留在这个世界上，供人缅怀。

2021 年 1 月 13 日稿

直爽的 傅斯年

　　傅斯年，人称"傅大炮"，皆因他一生直言不讳，多次"炮轰"政界要人。"五四"期间，他就是学生领袖，扛着大旗来到了赵家楼，并冲进了曹汝霖的住宅。抗战期间，他骂过孔祥熙，又攻击过宋子文。他仿佛一身是胆，没有不敢骂的人，也没有不敢承担的事。

　　他是山东大汉，9岁丧父，事母至孝。也曾有过两段婚姻，16岁在天津读中学时，由祖父和母亲做主，与同乡山东聊城县乡绅丁理臣之女丁蕴萃拜堂成亲。后来以优异成绩考取官费留学生，与好友俞平伯等人一同赴英留学。俞平伯半途而废重返国内，而傅斯年辗转又去德国留学，最终攻读实证主义史学。留学归来后，傅斯年与丁氏离婚，并与同学俞大维之妹俞大彩走进了婚姻的殿堂。

海归傅斯年经朱家骅介绍，首先在中山大学任教，后来主要担任中央研究院历史语言研究所（简称史语所）所长。组织了多次大型野外考古发掘活动，尤其河南殷墟的发现和考证，使中国的考古事业达到新的高度。抗战逃亡期间，傅斯年在四川李庄强撑史语所门面，挽留了一大批学者，并为其所用。抗战结束后，他同样面临党派之争和何去何从的历史抉择。最后，他追随他的恩师胡适离开大陆，去了台湾，并担任了台湾大学首任校长。也正是这个校长职务，使他心力交瘁，1950年12月20日在演讲中突发脑溢血而倒在了会议现场。

傅斯年其实还有一个称呼，便是"傅胖子"，他的胖后来也直接引发了高血压症状，间接导致了他的死亡。他可能太忙了，一生除了吃饭睡觉，就是读书、写作与办公。他记忆力超群，给学生上课从不带参考资料，能凭记忆整段整段地背诵国学经典。他对学生常关怀备至，对佣人也相当客气，他没有领导的架子，却使许多学者敬畏他，尤其是史语所里工作的学者和大学里任职的教员。

胡适评价傅斯年"粗中有细，办事能力强，颇有领袖风范"。

蒋介石对他亦是相当器重，好几次委以重任，千方百计要拉拢他。只可惜"傅大炮"为人做事向来我行我素，也从不把政要高官放在眼里。当他得知国民党当局制造了"三一八"惨案和"一二·一"惨案后，就毅然决然地站到了学生一边，责骂当局。

现在我们很难想象，一位德高望重的校长，一生竟贫病交加。尤其抗日战争时期的艰苦生活，一下子拖垮了他的身体，也愁白了他的鬓发。他一生尤其痛恨日本侵略者，所以将儿子取名为"傅仁轨"，因唐代刘仁轨大将曾大败倭国。抗日战争结束后，他回到了北平，并代理了北京大学校长一职，其间他将担任过伪职的教员全部清理出了北大，以保持队伍的纯洁性。他认为一个教授，首先要人品正，才有资格站在讲台上传经布道。

傅斯年在国立北京大学读书时就与罗家伦结下了深厚的友谊，归国后又与老师胡适来往甚密。他的一生很像胡适先生，总是在学界和政界之间徘徊，以学术立名，又以政绩扬名，是当时少有的学者型领导。他一生嫉恶如仇，又一身正气，所以经济上并不宽裕，甚至相当清苦，临终前还在赶写一份稿子，只是想用稿费去买一条可以御寒的棉裤。清廉至此，令人叹息。

　　傅斯年一生为自由和开明而奋斗，爱打抱不平，为人率真而直爽。毛子水说："傅斯年的一生代表的是浩然之气。"甚至有人这样评价他："他是中国历史上最有学问、最有志气、最有血性和最有修养的伟大知识分子中的一个典范。"

　　走近傅大师，只觉先生之德，月朗风清，如饮甘霖！

2021 年 3 月 4 日稿

包容 的 蔡元培

　　参加工作后，我最先拜读的传记人物便是蔡元培，他的思想光辉好像一直在引领着我奋勇向前。

　　应该说，没有蔡元培，就没有新北大，他的确为北大树立了好榜样，也开创了新风尚。他不仅提出了"兼容并包，思想自由"的办学理念，自己更是率先垂范，以身作则，校风为之一新，精神为之一振。

　　蔡元培是浙江绍兴人，也是光复会的重要成员，曾担任过会长，一度成为反清的"急先锋"，革命党人的中坚力量。国民政府成立后，他出任过教育总长一职，不久因与旧势力不睦而辞职。他一生酷爱办学，先后担任过多所学校的校长。任北大校长期间，北大爱国学子发动了震惊中外的五四运动，他毫不犹豫地站到了学生一边，后为保护学生，自己引咎辞职。

蔡校长一生为教育事业而奔波，第二任妻子黄仲玉与他情深意笃，也极力支持他的教育事业，并由此落下了沉疴痼疾，44岁就与世长辞，临终前甚至无法与蔡元培道别（此时蔡元培正在法国考察）。这是蔡校长一生的痛，也是中国教育史上的莫大遗憾。

"所谓大学者，非谓有大楼之谓也，有大师之谓也。"这是清华大学梅贻琦校长说的一句名言，可是最早的践行者却是蔡元培校长。他任用人才可谓不拘一格，艺术性极高，尤其注重任用新派学人，如留学归来的胡适、鲁迅、辜鸿铭等人，同时也任用刘师培、刘半农等"古董型"国学大师，使新旧两派学者济济一堂，新旧思想发生激烈碰撞，从而把中国的新文化运动推向高潮。

蔡校长始终认为中国的发展离不开教育，教育的进步首要在于大学，只有办好一所大学，才有更好的中学师资，有了中学师资，才有全民教育。他有极大的人格魅力，走到哪儿都受到学生的爱戴。他为人诚恳，做事刚正不阿，敢于向旧势力发起挑战，也敢于为学生请命。他虽在五四运动期间力保学生，却又反对学生参与运动和政治，他说："我对于学生运动，素有一种成见，以为学生在学校里面，应以求学为最大目的，不应有何等的政治组织。"

1906年，年近四十的蔡元培仍决心出国留学，后入德国莱比锡大学听课，研究心理学、美学、哲学诸学科。在莱比锡大学学习三年多，选修了哲学、哲学史、伦理学、心理学、文学、文化史、欧洲史、美学、美术史等几十门学科，他还旁听了当时所有名家的课程。后来他受聘为北大校长，所倡导的先进教学理念大多萌发于此。

蔡元培始终主张男女平等，妇女解放，他极力反对妇女缠足，并积极支持男女同校。在那个男尊女卑、女性受到歧视的半殖民地半封建社会里，蔡先生的进步思想为军阀旧势力为所不容，频频遭到打压。

蔡校长也有自己的嗜好，尤其喜欢喝家乡绍兴的黄酒，每次赴宴必一饮而尽，为人豪爽而磊落。1937年，抗战全面爆发，他精神上大受打击，携第三任妻子周峻及子女避居香港。1939年5月，当他从报纸上得知自己与黄仲玉所生的长女蔡威廉因产后感染而去世时伤心过度，数月后就随女归天，临终前一直呼唤着女儿的名字。

举殡之日，数千男女学生自发为他送葬，一生志在民族革命的人，一生扑在教育事业上的人，竟长眠于香江之畔，远离北大。噩耗传来，毛泽东火速发去唁电，称他为"学界泰斗，人世楷模"，赞誉极高，确是当之无愧。

2021 年 3 月 31 日稿

绝代 的 林徽因

　　林徽因可能是 20 世纪二三十年代公认的女神，在那个女子教育权受到限制的年代，林徽因无疑是幸运的。她的幸运，是因为她有一个思想开放、留学过日本的父亲——林长民，能够在她花季年华的少女时代带她游历欧洲，结交名流。

　　林徽因 1904 年出生于浙江杭州，祖籍福建福州，她的才情离不开闽浙山水的浸润，更离不开林氏望族的熏陶。林徽因为父亲二房何雪媛所生，因为是长女，故而得到了家庭的加倍疼爱。她追随父亲英国游学期间，结识了父亲的弟子徐志摩，爱情故事也由此拉开了序幕。

读过《再别康桥》的人都觉得这首诗很美，很有意境，殊不知背后隐藏了多少浪漫故事。2000年，电视剧《人间四月天》轰动一时，我没有看电视剧，而是看了王蕙玲女士写的剧本，至今印象尤深。剧本中"康桥相约"自然是重要的情节，一个是有妇之夫，一个是清纯少女，一起在康河里泛舟，一起寻梦。在康河的柔波里，诗人甘心做一条水草……这种画面真的很唯美，美到令人窒息。

当然，在现实面前，两人最终没能逾越伦理的鸿沟，林徽因嫁给了梁启超的长子——梁思成。林徽因很清楚徐志摩的为人，一直把他当作诗歌偶像看待，从未想过一起生活。泰戈尔访华，两人虽都作陪，可是已经貌合神离。最后，林徽因随梁思成赴美求学，才摆脱了徐志摩的纠缠。

林徽因在美国主修美学，选修建筑学，与梁思成登记结婚后在公公梁启超的赞助下，两人又同赴欧洲度蜜月兼考察西方古建筑，眼界大开，幸福满满。归国后先是来到了少帅张学良开办的东北大学，当年东北大学"白山黑水"的校徽就是林徽因设计的。后来据说也是为了摆脱少帅的纠缠，又离开东北去了北平，加入了新近组建的"营造学社"。在东北大学期间，因为条件艰苦，天气寒冷，落下了肺结核的病根。抗战爆发后，又跟随梁思成一路逃亡，先是长沙遭遇轰炸险些丧命，后来辗转来到了条件极其艰苦、缺医少药的四川李庄。在李庄的几年，林徽因的肺病复发，难以治愈。此时风趣的金岳霖教授常去慰问关怀，并送给了梁思成夫妇八个字："梁上君子，林下美人。"这是真实的生活写照，也不乏调侃的意味，更突出了大师们苦中作乐的生活态度。其实，在其子梁从诫的眼中，母亲林徽因完全不是人们想象中的"美人"，而是一个彻彻底底的"病人"。抗战胜利后，躺在病床上的林徽因终于挨过了"严冬"，于1946年重回北平静养。

北平期间，她抱病为清华大学设计了教师住宅，还时时担忧北平的古建筑遭遇轰炸。新中国成立后，为了自己心爱的建筑事业，她最终选择了留在大陆，没有去台湾，也没有去美国。她依旧带病工作，强撑病体和夫君梁思成设计了新中国国徽并参与设计了人民英雄纪念碑。20世纪50年代，梁思成因保护北京古城而遭到多次批判，林徽因亦卷入其中，身体抱恙的她又遭遇了精神打击。

1955年4月1日6时20分，林徽因病逝于北京同仁医院，享年只有51岁。临终前想见隔壁病房的梁思成一面，却遭到值班护士的无情拒绝。她去世后，钟爱她一生的金岳霖写下了这样的挽联："一身诗意千寻瀑，万古人间四月天。"甚是伤感。

一代才女，香消玉殒。她的在天之灵，是否知道自己的墓碑被"文革"中的无知青年砸毁，自己的夫君又续了弦，女儿梁再冰愤然去了英国，儿子梁从诫跟金岳霖生活了很长一段时间?

每当春暖花开的人间四月天，我都会莫名地想起这位女神。她是一树一树的花开，美丽鲜妍；她像细雨点洒在花前，娉婷轻盈……

2021 年 4 月 9 日稿

端庄 的 张充和

张家四姐妹，个个高寿，个个才貌双全，这在中国历史上也是鲜见的。而四姐妹中，应属四妹张充和的才艺最高。她不仅工于书画，擅长昆曲，而且为人得体大方，有大家闺秀之神韵、东方女性之柔美，被誉为"20世纪最后的才女"。

张充和一生喜欢安静，喜欢古旧的气息，她常一个人驻足留连于废弃的旧园、残破的古碑前。古人云："静能生慧，静能致远。"这也使她能够耐着性子习书作画、练曲赋诗，心态从容，一世安好。

我曾潜心阅读过上海复旦大学张新颖教授的《沈从文的前

半生》，还有青年作家王道所著的《一生充和》，对张充和女士就有了一个丰满的印象。应该说，对充和影响最大的人有两位。一位是领养她，并为她提供优质教育的叔祖母——识修女士。张充和出生 11 个月就过继给了这位二房奶奶当孙女，养祖母对她言传身教，无限宠爱。张充和因此受到极好的国学启蒙，不仅成了吴昌硕先生的高足，还是考古学家朱谟钦的女门生。后来，张充和以满分的国文成绩被北京大学破格录取，也是幼年时期在国文方面打下厚实根基的缘故。还有一位对她影响深远的人就是她的三姐夫——沈从文先生。沈从文也是一位多才多艺的才子，尤其在小说、书法和绘画方面，和小姨子张充和女士有着共同的爱好。张充和在北京大学求学期间，就住在姐夫沈从文家里，两人常有学问切磋，互有教益。

由于张家显赫的地位，祖父张树声和父亲张武龄都是一代名流，四小姐张充和女士所受教育也是相当优越的，再加之自己的专研好学，故而才艺超群，追求者也甚多。可她迟迟没有遇到心仪的另一半，当家人和朋友都以为她可能要一生独居时，她竟遇到了来自西方的眷侣，他就是美籍德裔汉学家——傅汉思先生。他俩是在沈从文家中相识的，此时的傅汉思很是崇拜沈从文，而四小姐张充和就借住在沈家，多次邂逅终成眷属。张充和在 35 岁那年嫁给了小她 3 岁的洋人。1949 年 1 月，两人从上海乘船去了美国，张充和从此远走他乡。

其实追求张充和的人，远不止傅汉思一人，其中用情最深的当数诗人卞之琳。相传那首知名的《断章》："你站在桥上看风景，看风景的人在楼上看你。明月装饰了你的窗子，你装饰了别人的梦"，就是卞之琳为张充和女士所作。卞之琳是沈从文的密友，也是由于这层关系，两人得以相识。卞之琳也用沈从文追求张兆和的办法，给张充和写了许多书信，并手抄自己的诗作《装饰集》相赠。可惜多情却被无情恼，张充和最后还是负气出走，跟随傅汉思去了异国他乡。卞之琳追求张充和长达十年之久，成了文学圈公开的秘密。他直到45岁才黯然结婚，他对张充和的爱恋持续了大半生。而这位极具中国古典气质的东方才女，后半生无奈地在美国谋生并相夫教子。50多年来，先后在哈佛、耶鲁等20多所大学执教，传授书法和昆曲，为弘扬中华传统文化默默耕耘了一生。

尽管身处异国他乡，可她始终惦念着祖国的亲人们，她曾数度回国探亲，每次都依依惜别。她还对那些去美国留学的后辈学子格外关照，至死不忘自己是中国人。1983年，在自己70岁的寿诞时，她写下了这样一副对联："十分冷淡存知己，一曲微茫度此生。"这可能也是102岁高龄的张充和女士对自己一生的贴切总结了。世间冷暖，世事无常，或许只有一腔昆曲能够诉说衷肠，能够唱出她所有的酸甜苦辣、悲欢离合吧！

2021年4月27日稿

正直 的 梅贻琦

一提起清华大学，几乎无人不知梅贻琦，他的名字似乎已经和清华大学紧紧联系在了一起，成了清华的一块招牌。

梅贻琦是天津人，少时就聪慧过人，后来成为天津南开学堂的第一批学生，是张伯苓的得意门生。宣统元年（1909 年）他以第六名的成绩考取首批庚子赔款留美生，赴美国伍斯特理工学院学习电机工程。

1915 年，学成归国的梅贻琦便担任清华学堂的物理教师。因他办事沉稳、寡言谨慎，随后又担任教务处长。1931 年开始出任国立清华大学的校长。他有一句名言："所谓大学者，非谓有大楼之谓也，有大师之谓也。"他多次阐述师资力量的重要性，并竭力从国内外聘请知名学者来清华执教，如华罗庚、朱自清、陈寅恪、闻一多、潘光旦、曾昭抡、陈省身、钱锺书、吴大猷、叶企孙等一大批名流聚集在清华，筚路蓝缕，潜心育人，成就清华史上的黄金时代，梅校长功不可没。

1937年，抗日战争全面爆发，国立清华大学与国立北京大学、私立南开大学三校合并为国立长沙临时大学，后更名为国立西南联合大学。梅贻琦临危受命，长期担任西南联大校务委员会常委兼主席。当时的办学条件极其艰苦，梅校长在战火中以教育救中国，以知识图发展，为国家的复兴培养了大批杰出人才。尤其感人的是他从不徇私舞弊，不仅没有破格录取自己的子女进入清华，还把自己的补助金拿出来资助在校的贫困师生，以至于梅夫人只能卖糕（定胜糕）度日，维持全家人的生计。

梅贻琦初任清华大学校长时，国内形势相当混乱，日本入侵意图明显，学潮也是此起彼伏。然而他凭借超人的实干精神和强大的人格魅力，赢得师生们的一致拥护。曾有人问他："你为何能够在校长的位子上长期不倒？"他则风趣地回答："因为我姓梅，没有人愿意'倒霉（梅）'！"

其实，他能够把这批高级知识分子招至麾下，并尽心竭力为清华服务，靠的全是他的为人处世之道。梅贻琦治校崇尚"黄老之治"，实行民主治校。他常说："吾从众，我只是给教授们端茶送水的！"尽管他为人低调，处理事情比较随和，可在大事上却相当果敢有魄力，保护学生义无反顾，为教授争取福利亦是据理力争。可以说，他所做的每一件事都是为学校大局着想，为学校发展谋篇布局。也正是在他的领导下，清华大学在 10 年间便跻身于国内名牌大学的行列。梅贻琦对自己的名气看得极淡，他曾说："清华的教师出名，学术成果出名，优秀学生出名，而校长却不必出名。"

他的办学思想就是要培养"人格健全"的大学生，尤其强调学术自由。他敢于挑战权威，对国民党当局常凛然以对，绝不卑躬屈膝。他长期保管着数十万美元的清华基金，却一生清贫，两袖清风。1962 年，在台湾，他因病住院的部分住院费和死后的殡葬费都是校友们捐助的，然从他床下翻出的基金账本上，每一笔开支都记得清清楚楚。

梅校长被称为"寡言君子""清华永远的校长"。病逝后葬于台湾新竹清华大学校园内，并取名为"梅园"，受到一代代师生的爱戴与景仰，真是"梅子不言，下自成蹊"。

梅校长出身贫寒，一生荣誉，一生奉献，死后依然贫寒，可他用自己的人格诠释了清华"自强不息、厚德载物"的校训真谛，他的名字与事迹必将彪炳史册、千古流芳。

2021 年 5 月 6 日稿

孤独 的 梁思成

　　读窦忠如先生的《梁思成传》，我用力最深。他采访 50 余位相关人物，参考 2000 余种图书，阅读 1000 余万字资料写成的这本人物传记，读起来是一种痛苦，也是一种享受 。

　　梁思成是梁启超的长子，他出生于日本东京，儿时基本是在神户须磨的"双涛园"里度过的。尽管父亲梁启超因戊戌变法失败流亡日本，可梁思成在父母的呵护下，还是拥有了一段美好的童年时光。

　　后来国内辛亥革命爆发，梁启超应邀回到阔别十多年的祖国，梁思成也随父亲回国，开始接受正规的国学教育。随后考入清华学堂，在这所西式学校里学习了八年。父亲梁启超不仅是他的国学启蒙老师，同时也是他婚姻的介绍人。正是梁启超与林长民的私人友谊，才使林徽因与梁思成的关系越走越近。

为了使林徽因摆脱浪漫诗人徐志摩的纠缠，梁启超又安排梁思成和林徽因一起赴美留学。正是在林徽因的影响下，梁思成最终选择攻读建筑学专业。在美国宾夕法尼亚大学的时光是充实而美好的，专心于学业的梁思成没有辜负父亲的期望，各门功课成绩优异，同时开始专研中国古代建筑史，着手破译父亲从国内寄来的《营造法式》一书。

学成归国的梁思成首先来到了东北大学，满腔热情地创建了建筑系，这也是中国现代教育史上第一个建筑学系。1929年8月，林徽因从东北回到北平，在协和医院生下了女儿，取名梁再冰，以纪念梁启超先生（饮冰室主人）。1931年，梁思成也回到北平，进入朱启钤先生创建的中国营造学社工作，这是一个专门研究中国古建筑的学社。此时有日本学者断言：中国已经没有唐代及以前的古建筑。梁思成、林徽因夫妇表示不服，他俩用七年时间考察了1823座古建筑，完成了1898张测绘图稿。终于功夫不负有心人，他们在山西五台县找到了建于唐代大中十一年（公元857年）的大佛光寺，为祖国赢得了荣誉。

1937年，抗日战争全面爆发，梁思成携家人辗转离开北平，先是到了长沙，后又来到了四川李庄。在李庄艰难的岁月里，林徽因肺结核病复发，常卧床不起。梁思成一边工作，一边照顾妻儿。然他并未因此绝望，他依然幽默，依然热爱生活。抗战胜利后的第二年，梁思成又携家人回到了阔别八年多的北平，在清华园又创建了建筑系。新中国成立，他毅然选择留在国内，因为他舍不得离开北平、离开古都的建筑群。可学者的挚爱，终究抵不过一次次的运动。他目睹古城墙被拆毁，城内造起了工厂，破坏和污染让他很是愤怒，可他却无能为力。1955年，林徽因去世，他成了一个孤独的"战士"，铺天盖地的运动向他袭来，他再也招架不住了。为了摆脱困局，寻求安慰，他又与助手林洙女士结合，竟招来家人的强烈反对，尤其女儿梁再冰的三年"冷战"，让他心力交瘁，倍感孤独。

可怕的"文革"，正如其子梁从诫所说的那样："整个梁氏家族全军覆没！"作为长子的梁思成日渐消瘦，面对一次次的批判，他只能沉默，可又不甘心沉沦，于是肺心病发作，他无奈地走到了生命的尽头，结束了自己71年的人生。梁思成有父亲乐观好学的一面，也有母亲文静耿直的一面。父亲梁启超去世后，他一直扮演着梁家顶梁柱的角色，重大的责任压得他喘不过气来。

客观地说，梁思成的一生也算是幸福的，因为他前三分之一的人生是在父亲的光环下，中间三分之一是在妻子的光环下，最后三分之一才是属于他自己的。可最后这三分之一，他活得很累很窝囊，没有轰轰烈烈的事业，只有无休无止的"检讨"。他无奈地倒在了"运动"中，大有"出师未捷身先死，长使英雄泪满襟"的伤感。

一代建筑学家就这样消逝了，他是时代的主角，却好像一直是个配角，怎不令人唏嘘！

2021 年 5 月 18 日稿

彷徨 的 王国维

　　王国维是浙江海宁人，他的《人间词话》以崭新的眼光对旧文学进行了评论，自 1908 年发表以来，一直畅销不衰，被称为晚清以来最有影响力的著作之一。他在《人间词话》中说："古今之成大事业、大学问者，必经过三种之境界：'昨夜西风凋碧树，独上高楼，望尽天涯路。'此第一境也。'衣带渐宽终不悔，为伊消得人憔悴。'此第二境也。'众里寻他千百度，蓦然回首，那人却在灯火阑珊处。'此第三境也。"这读书的三境界学说，我一直引为经典，心中默念。

　　其实王国维自号"人间"，字静安，所谓的"人间词话"

就是他自己的词话。他 4 岁时丧母，中年时丧父，继而丧妻，晚年丧子，最后在颐和园昆明湖鱼藻轩中自沉，结束了自己 50 年的痛苦人生。他半个世纪的生命旅程，可以说是尝尽了人间的悲欢离合与生离死别。1906 年，30 岁的王国维在妻子莫氏离世之后，曾写下了"最是人间留不住，朱颜辞镜花辞树"的伤心绝句，这不正是他自己悲剧命运的真实写照吗？

王国维童年时便很胆小，性格内向而敏感，7 岁入私塾，父亲王乃誉也是他的国学启蒙老师，家庭熏陶非同一般。15 岁时的王国维就以文会友，被列为"海宁四才子"之一。王国维出版的第一本文集是《静安文集》，收录了他早年研究哲学、文学的一些成果。1911 年辛亥革命后，清政府解体，王国维携全家随罗振玉东渡日本，侨居近五年之久。这一时期也是王国维潜心治学的黄金时期，虽生活上全靠罗振玉接济，可总算衣食无忧，研究方向转向经史和小学。旅日期间，他协助罗振玉整理大云书库藏书，得以尽窥其所藏彝器及其他石器物拓本，且与日本学者广泛交流、互相切磋，对甲骨文字也颇有研究，名噪一时。

1924 年冬天，冯玉祥发动了震惊中外的"北京政变"，将溥仪驱逐出宫。此时的王国维正深受溥仪器重，担任南书房行走一职。皇帝被逐，王国维认为是奇耻大辱，愤而与罗振玉等前清遗老相约投金水河殉清（清朝），后因家人阻拦而未果。王国维最终投湖而死，也有人认为这是"殉清"的表现。其实，纵观他的一生，情况远没有那么简单。他年轻时就开始研究美学和西方哲学，尤其对叔本华和《红楼梦》颇有研究，王国维的一生其实都在设法寻求"解脱"，文学和哲学也就成了他最好的避难所，古典诗词和中华传统文化给他的悲怆性格以莫大的慰藉。他认为《红楼梦》中真正的解脱者只有三位，那便是宝玉、惜春和紫鹃。读过《红楼梦》的人都知道，这三人最后只是皈依佛门而已，并没有选择自杀。王国维明知自杀是懦弱和逃避的表现，可他最终还是投湖而亡，走上了一条连自己都看不起的不归路。

王国维被人从湖中捞起后，发现身上还留有一份遗书，上面写道："五十之年，只欠一死，经此世变，义无再辱……"这个"经此世变"很耐人寻味，大部分人认为是他的长子潜明在上海病逝，令他万分痛惜，此后亲家罗振玉又带走了儿媳，这一系列变故和侮辱，终于让王国维的精神陷于崩溃。后世研究者也普遍认为，他的悲剧性格源于他的"心性奇高而又苦于能力不足"。他有文人典型的清高与自尊，可最后还是败给了残酷的现实，至死都无法挣脱。

　　王国维死后两年，清华研究院同仁再度怀念起他，托陈寅恪撰写碑文，文中末尾云："惟此独立之精神，自由之思想，历千万祀，与天壤而同久，共三光而永光。"这是世人对王国维一生成就的充分肯定，也是友人对他无尽的思念。

2021 年 7 月 8 日稿

渊博 的 赵元任

赵元任被称为"中国语言学之父"，精通英语、法语、德语等 7 门外语，会说 33 种方言，故而有"赵八哥"的绰号。

赵元任出生在天津，5 岁时回到家乡常州，15 岁时考入南京江南高等学堂学习。赵元任可谓是天赋异禀，少有的奇才，尤其他的语言学天赋从小就显露了出来，各种方言一学就会，能够在很短的时间内迅速穿透一种语言的声韵调系统，从而总结出一种方言乃至一种外语的发音规律。

赵元任还是一位不折不扣的通才。他文理兼修，曾获得过数学学士学位，哲学硕士、博士学位，且选修过物理、音乐，教授过数学、物理学、逻辑学、中国音韵学、普通语言学、中国现代方言、中国乐谱乐调和西洋音乐欣赏等课程。他在语言学和音乐学领域着力最深，取得过辉煌的成就。

1909 年，赵元任考取了留学美国的官费生，进入康奈尔大学学习，主修数学，选修物理和音乐。在该校学习期间，获得过两个 100 分、一个 98 分，创下了该大学平均成绩的最高纪录，堪称学霸中的学神。

1926 年，赵元任担任了清华国学院的导师，与梁启超、王国维、陈寅恪、吴宓并称为"清华五先生"。1928 年，赵元任作为中央研究院历史语言研究所研究员，进行了大量的语言田野调查和民间音乐采风工作。抗战爆发后，赵元任一度随南迁的清华大学四处躲藏，1938 年择机去了美国，任教于夏威夷大学，后又去了耶鲁大学。应该说赵元任的一生是相当幸运的，他不喜做官，却比一般的官员要幸福许多；他没有经历抗战的痛苦，也没有遭遇"文革"的不幸。1973 年，中美关系正常化后，他首次回国探亲，受到周恩来总理的接见。他与总理谈到了文字改革问题，且贡献了自己的力量。

赵元任与胡适的关系非同一般，这可能与他俩同是美国康奈尔大学的校友有关。后来赵元任又娶到了胡适的同乡——杨步伟女士，更是亲上加亲。1921 年，赵元任与杨步伟举行新式婚礼，胡适赠送他两一本自己注释过的《红楼梦》作为礼物，并成了证婚人。

杨步伟出生于南京望族，1919年东京帝国大学医科博士毕业，从小就离经叛道，与赵元任性格迥异，却携手走过了60年，堪称奇迹。杨步伟从日本毕业回国，曾与同学李贯中合办过一所私立医院，32岁时才与赵元任结为伉俪。在美国时，杨步伟做了全职太太，闲时翻译一些书籍。花甲之年，用了三四个月时间写成了自传——《杂记赵家》。这些都离不开夫君赵元任的鼓励与支持。

1949年，胡适来到美国，一度生活窘迫，赵元任一家施以援手，胡适才度过了危机。1957年，赵元任得知台湾"中央研究院"欲聘胡适为院长时，他马上打电话给胡适，劝其应允。晚年的胡适终于回到了台湾，生活也有了保障。可1962年，胡适在出席欢迎新院士的酒会上猝发心脏病，不幸离世。1968年深秋，已经76岁的赵元任也来到了台北南港，在胡适墓前久久徘徊，不忍离去。"思念是一方矮矮的坟墓，我在外头，你却在里头。"真是世事难料，惟有泪千行。

赵元任一生从事教育事业52年，培养出了王力、朱德熙、吕叔湘等著名的语言学家，可谓桃李满天下，他的温润、博学、低调、重情，常让人肃然起敬。

2021年8月10日稿

狂放_的刘师培

　　刘师培这个人不好写，原因在于他曾在政治上屡次失足，多有污点。他的一生也很短暂，仅有的亮点也就是学术上有点成就吧。

　　他18岁中秀才，19岁就中举人，也算少年成名，春风得意。可20岁参加会试，竟名落孙山。在回家的途中就大发牢骚，有了"反清"之心，这很像当年的洪秀全，仕途不顺便起反意。

　　避居上海，刘师培结识了章太炎、蔡元培、章士钊、陈独秀等人，在他们的影响下，他成了激进的革命者。1904年，刘师培又去河南参加会试，还是未中，甚为忧愤，便与陈去病等人怀揣手枪刺杀广西巡抚王之春，却落得个仓皇出逃，被拘捕后获释的闹剧。

1907年，刘师培受章太炎的邀请去了日本，和他一同赴日的还有他的母亲、妻子何震和表弟汪公权。在日本期间，刘师培迅速成为一名无政府主义者，后来对孙中山等革命党人相当失望，从而走上了"变节"的歧路。他变节后，第一件事就是诱捕了陶成章，为后人所不齿。此后，刘师培觉得自己待在日本没有前途，就回国加入了端方的幕府。其间他与最好的朋友章太炎又反目成仇，两人的关系从"报上辱骂"升级为"彼此痛殴"。时人这样评价刘师培："刘师培对人情世故相当生疏，加之性情急躁，做事不假思索，不计利害！"

也正是刘师培这种性格上的缺陷，最终导致他鲜有好友。不过他与陈独秀的友谊倒是比较长久，他俩结识于日本，陈独秀（包括蔡元培）也不计前嫌，又聘请他担任国立北京大学教授。刘师培在北大主要教授经史，他原本口吃，又身患严重的肺病，为人常不修边幅，一副蓬头垢面、衣冠不整的样子。他上课也从不带书，也不给学生发讲义。在台上讲课，声音微弱，不写板书。有人说，若不是北大学生钦佩其学问，他可能早就被有"赶教授传统"的北大学子轰下台去了。

陈独秀对刘师培也算照顾有加，上课不写板书，刮风下雨不来上课，陈独秀都容忍了。据冯友兰回忆："当时觉得他的水平确实高，像个老教授的样子，虽然他当时还是中年。他上课既不带书，也不带卡片，随便谈起来，就头头是道。援引资料，都是随口背诵，当时学生都很佩服。"

刘师培就是记性好，才赢得了学生的敬佩。他从小就被称为神童，12岁时，读遍四书五经。在北大任教时，需要参考典籍，致书仪征老家，能够准确说出某书在何橱何格，家人一索即得，让人瞠目结舌。刘师培每日坚持读书，还要著文数千字，他的字写得并不好，字迹如花蚊脚，忽断忽续，丑细不成书。涂又光认为："一个人有没有灵气，可以从一个人的字体中看出，刘师培的字用墨枯槁，是一副短寿之形。"不幸被言中。

刘师培的确很短寿，36岁就因肺结核而病逝，是标准的"英年早逝"。尽管刘师培自小身体羸弱，十几岁就患有肺病，时常咳嗽，还咳中带血，可他生活一点也不节制，还每日吸烟，真是"自作孽，不可活"。

狂人刘文典是他的学生，不可一世的章太炎和黄侃也都曾是他的好友，难怪刘师培被称为"狂人"，也有人称他为"疯子"。

刘师培的葬礼是老友陈独秀主持的，他引用康有为的诗来悼念他："曲径危桥都历遍，出来依旧一吟身。"

人之将死，狂人不狂，这是人性的优点，也是人性的弱点。

2021年8月14日稿

迂腐 的 吴宓

    吴宓也算是一个矛盾的综合体，一个堂吉诃德式的悲剧人物，他的可悲在于太不了解自己的个性。他太过浪漫，又纯真任性；做事严谨，又近乎迂腐。

    吴宓出生于陕西泾阳的一个富户家庭，自幼家教甚严。生母李孺人在他不足周岁时就病逝了，母爱的缺失也影响了他一生的情爱观。他有两个父亲，一个是生父，一个是嗣父，但他从小却由祖母带大。祖母杨老夫人与继母雷氏之间的矛盾，让懵懂无知的吴宓成了受害者，也进一步扭曲了他的性格。

    1911年，吴宓考入清华学堂（今清华大学前身）留美预备班。1917 年，23 岁的吴宓赴美国留学，先攻读新闻学，1918 年改读西洋文学。最先在弗吉尼亚大学英国文学系学习，获得文学学士学位。次年又转入哈佛大学研究生院，师从白璧德教授研习比较文学、英国文学和哲学，与陈寅恪、汤用彤并称为"哈佛三杰"。1921 年，吴宓回国，先在国立东南大学（今南京大学前身）文学院任教授，讲授世界文学史等课程。1925 年，清华学校国学研究院成立，吴宓担任研究院主任，聘请当时学术界最负盛名的梁启超、王国维、陈寅恪、赵元任等四位学者为研究院导师，故有"清华五先生"之说。国学研究院为国家培养了不少优秀的国学人才。

吴先生虽游学过英、法、德等欧洲几个国家，会说几种外语，却又是一位老实得可怜、最好欺骗的老师。他并不是不知道别人在利用、欺骗他，而是他喜欢把自己变成中世纪的一位骑士，浪漫而执着地生活着，如堂吉诃德一般。吴宓教书很认真，尤其在备课上花了很多时间和心思，引用的材料都是大段大段地背诵出来，让学生很是敬佩。

吴宓对《红楼梦》也深有研究，自称对林黛玉身边的丫鬟——紫鹃情有独钟，曾在《武汉日报》上发表过一文《论紫鹃》，说她忠诚、善良、执着，甚至在文末有这样一句话："欲知宓者，请视紫鹃。"最发笑的趣事，当属他在西南联大任教期间发生的那件事，话说西南联大新校舍对面有一家湖南人开的牛肉面馆，起名为"潇湘馆"，吴宓认为这是对林妹妹的亵渎，硬要砸人家招牌，并勒令老板改名。双方为此争执不下，最后老板很不情愿地将"潇湘馆"改成"潇湘饭馆"，才算了事。

吴宓一生痛恨白话文，对胡适等新文化运动的领导者更是恨之入骨，在国立东南大学任教时编辑《学衡》杂志与新文学对垒。他十分擅长比较文学，经常将几种文化做对比，在几国文化之间来回穿梭，学问可以跨越好几个世纪，还经常朗诵同一主题的英语诗和唐诗，让学生们惊叹不已。在课堂上，他还会讲讲自己的"爱情史"，比如早年如何认识毛彦文，又如何遭到拒绝，并将自己的"情史"作为反面教材讲给学生们听，事后又相当后悔，认为自己不应该在课堂上讲这些，好似醉汉胡言乱语，醒后又追悔莫及。

"文革"中，吴宓没能幸免。在一次批斗会上，被两个学生狠狠地从高台上推了下来，致使腿骨骨折，加之没有得到及时医治，遂致终身残疾。腿稍好后，他又被指派去扫厕所、刷尿池、刮粪便等一系列脏活，真正尝到了"寿高则辱"的苦果。"文革"末期，吴宓病重，记忆力严重衰退，生活也难以自理。他虽生有三个女儿，可她们都不理会这位失职的父亲，晚年只能靠妹妹吴须曼帮助照料生活。1978年1月17日凌晨3时，他带着在西南师范学院被疯狂折磨的心理阴影离开了人世。

一位可爱的大师就这样倒在了黎明前的黑暗里，不免惋惜。

2021年8月18日稿

『疯癫』的 章太炎

　　章太炎人称"章疯子"。1869 年出生于浙江余杭县，早年跟随外祖父朱有虔学习，光绪十六年（1890 年），章太炎师从德清朴学大师——俞樾，且深受他的影响，从此对学问颇有兴趣并埋头研究。

　　1894 年的甲午战争惨败对章太炎的震撼特别大，他毅然走出书斋，辞别俞樾来到了上海，并担任《时务报》编务。在《时务报》报馆工作时，章太炎的思想日益激进，渐趋革命。此时的章太炎很看不起康有为，说康门弟子尊康有为为"圣人"，好比是一群屎壳郎在推粪球。

1899 年，章太炎第一次流亡日本。1900 年，义和团运动爆发，八国联军入侵，而以慈禧太后为首的清廷卖国求荣，引起章太炎的愤怒。他公开树起反清的大旗，与康梁为首的改良派展开激烈的交锋。

1902 年，章太炎第二次流亡日本，初住横滨，后在东京，其间与孙中山结识，随后返回国内。1903 年，因发表《驳康有为论革命书》，并为邹容的《革命军》作序而触怒清廷，被捕入狱。在狱中，又和蔡元培等人合作，发起成立了光复会。1906 年，章太炎出狱并再度赴日，在日本期间加入了同盟会，并主编同盟会机关报——《民报》。1907 年，日本政府应清政府要求，将孙中山驱逐出境，但日本不愿完全开罪于孙中山，便赠送五千元作为路费，后东京股票商铃木久五郎又赠送孙中山一万元。此时的章太炎正苦苦支撑着《民报》，经费严重不足，得知孙中山收取大笔黑金，只拨给《民报》两千元，遂勃然大怒，取下总编室所挂的孙中山肖像，"咣啷"一声掷在地上，章太炎的冲动易怒可见一斑。

章太炎 16 岁参加县试前，癫痫病突然发作，随后放弃科考，这可能也是章太炎被称为"章疯子"的原因之一。章太炎早年广泛涉猎经史子集，鲁迅曾是他的学生。1906 年，章太炎在日本主持《民报》工作，鲁迅常去听章太炎师讲学，不仅折服于他渊博的学识，还钦佩他是一位和蔼可亲的长者，更敬重他

的革命精神，后来师生两人因政见不合而互有批评。1936 年
6 月，章太炎逝世。有些报刊贬低他为"失修的尊神"，鲁迅
却不顾病重，于逝世前 10 天写下了著名的《关于章太炎先生
二三事》一文，为自己的老师鸣不平，师生之情让人动容。

鲁迅称章太炎是"有学问的革命家"，认为先生的业绩，
留在革命史上的，实在比学术史上还要大。不过 1911 年武昌
起义爆发，章太炎提出了"革命军起，革命党消"的错误口号，
主张解散同盟会。后来南北议和，袁世凯上台，章太炎又幻想
袁世凯能够救中国，并开始与袁世凯合作。后来袁世凯筹备称
帝，章太炎又悲愤异常，称袁世凯包藏祸心，准备"执丧杖，
穿麻衣"表示反对，遂遭袁世凯的软禁。

五四运动爆发，章太炎又由反对军阀割据逐渐演变为赞成
军阀割据，完全背离了孙中山一统中华的主导思想。1923 年，
章太炎公开对改组后的中国国民党表示不满。1928 年，晚年
的章太炎在苏州讲学，组织国学会，企图发扬国光。

1931 年，日本入侵东三省，章太炎痛恨国民党的"不抵
抗主义"，对学生的抗日救亡运动，以及共产党的抗日爱国行
为表示同情和支持。因此，晚年的章太炎还是保持了爱国主义
晚节，赢得了后人的尊重。

1936 年 6 月 14 日，章太炎因鼻窦癌病逝于苏州锦帆路寓
所。中国民主革命的伟大先驱孙中山不计前嫌，曾称赞他为"革

命先觉，民国伟人"，还说他是"四万万人仰为泰山北斗的楷模"。弟子鲁迅更赞道："七被追捕，三入牢狱，而革命之志，终不屈不挠者，并世亦无二人。"

细观章太炎的言行举止，其实他并没有疯，他只是生不逢时，又无可奈何罢了。

2021 年 8 月 27 日稿

随和 的 冯友兰

一提到冯友兰，我们就会想到他的《中国哲学史》，他在哲学领域的地位，至今无人撼动。

张岱年说："当代中国哲学界最有名望的是熊十力先生、金岳霖先生和冯友兰先生，三家学说都代表了中西哲学的融合。唯有冯友兰先生的哲学体系可以说是'中''西'各半，是比较完整的意义上的中西结合。"

冯友兰自己也曾比较过他与金岳霖先生的异同："我们两个人互有短长，他的长处是能把简单的事情说得很复杂，我的长处是能把很复杂的事情说得很简单。"

　　冯友兰 1895 年出生于河南省南阳市唐河县，1918 年毕业于北京大学哲学系，1919 年赴美留学，1924 年获得美国哥伦比亚大学哲学博士学位，师从约翰·杜威。胡适先生在北大时，曾是冯友兰的老师，后来冯友兰去美国也师从杜威，他又与胡适先生成了同门，可是两人一直互不欣赏，甚至有点文人相轻。1950 年，胡适对冯友兰的《中国哲学简史》（英文版）表示不屑，并说："写得实在太糟了，我应该赶快把《中国思想史》写完。"

　　1923 年，冯友兰学成回国，开始担任开封中州大学哲学教授，并兼任文学院院长。1925 年，又去广东大学任教授，还是讲授中国哲学史。1926 年，他离开广东大学到燕京大学担任教授。1928 年 9 月，冯友兰又任国立清华大学教授，次年 9 月担任哲学系主任。1931 年 7 月，任文学院院长。纵观冯友兰的一生，他的教授生涯很长一段时间都是在清华度过的。在清华教学时，冯友兰大部分时间都住在清华乙所。1937 年北平沦陷后，冯友兰一度留守清华园，他曾在图书馆内对图书馆的工作人员说："中国一定会回来，这些书都散失了，那就不好了，只要我人在清华一天，我们就要保护一天。"后来日本军队正式进驻北京，日本人到处接管，冯友兰才感觉到政权丧失以后，保管没有什么意义，于是决定南迁。

来到西南联大，冯友兰任哲学系教授兼文学院院长，他还亲自执笔写了校歌，可谓慷慨激昂，荡气回肠，大有岳飞"臣子恨，何时灭"的壮怀激烈。1939 年秋至 1940 年春夏之交，时为教育部部长的陈立夫曾三度要求西南联大遵守教育部的规定，核定应设的课程，统一全国院校教材，举行统一考试等。此项训令的目的就是加强蒋介石的思想统治，此时冯友兰代表西南联大教务会议致函教育部抵抗此训令，从而使学术界保持了一定的思想自由。

1927 年至 1937 年，是冯友兰集中精力研究中国哲学史的时期。1937 年至 1946 年，又是冯友兰学术生涯的关键十年，其新理学体系即在此间创制而成。曹聚仁称赞冯友兰的《中国哲学史》《新理学》等著作至少可以和章太炎的《说名》《说性》等名篇并驾齐驱。《信念的旅程·冯友兰传》的作者说："作为中国哲学的一部分，冯友兰已经融入中国哲学史中。"

冯友兰一生也有很多嗜好，喜欢收集兵器，爱逛古董店，还留有很长的胡子，终年长袍马褂，一副道家装扮。新中国成立前，冯友兰与妻子坚定地留了下来，没有去美国，也没有去台湾。"文革"中，冯友兰还是被打成了"资产阶级反动学术权威"，被隔离审查，1968 年秋，他被允许回家，得到了"宽大处理"。1980 年，已经 85 岁的冯友兰决定写作《中国哲学史新编》，1990 年 6 月 15 日，冯友兰十年磨一剑，终于完成了此书的编写。当年的 11 月 26 日晚,冯友兰的心脏就停止了跳动,驾鹤西去。这一天,离他的 95 岁寿辰仅差 7 天,本已准备好的寿筵变成了葬礼,有点悲催。

冯友兰无疑是高寿的,他的高寿成就了中国哲学史的辉煌。

2021 年 9 月 11 日稿

皈依 的 李叔同

李叔同，又名弘一法师，他一生因出家成名，亦因出家自丧前程。

1880 年，李叔同出生于天津的一个官宦富商之家，父亲李筱楼 53 岁中进士，后经营盐业与银钱业，68 岁时才娶了李叔同的母亲王氏，为三房小妾。李叔同 5 岁时便失去父亲（这种经历颇似孔子），由母亲抚养成人。

童年的李叔同因遭遇家庭变故，又目睹众多亲人相继离去（那时天津因地震、水灾而引发瘟疫），有了忧郁的气质，也为他后来的出家埋下了伏笔。

我们都知道李叔同在艺术上深有造诣，尤其在诗、词、书画、篆刻、音乐、戏剧、文学等多个领域成绩斐然，这也得益于他有丰厚的家底。尽管父亲早逝，可为他留下了30万元的巨额资产（当时一百元便可支撑一个留学生在日本半年的生活费）。有了这笔巨资，李叔同娶妻俞氏，后来又东渡日本学习美术，完全不用为生计发愁，甚至在异国他乡生活得也很滋润。

　　在日本期间，他结识了房东的女儿——福基女士。1911年3月，李叔同完成学业，带着福基回国，并将其安顿在上海。自己先在天津直隶模范工业学堂任图画老师，后任教于浙江省立第一师范学校。李叔同的家室皆在天津，可一到假期，他便回上海与福基团聚。后在杭州任教期间，则每周必回上海。他与福基是有实无名，而与妻子俞氏则是有名无实。

　　1918年正月十五，李叔同在杭州虎跑寺皈依佛门，和福基12年的情缘便走到了尽头。福基曾托李叔同的好友杨白民约他出来相叙，两人在西湖边会面，福基再三恳求李叔同回心转意，可李叔同去意已决，只送她一块手表作为纪念，独自雇一小舟仍回寺庙。据说后来天津的妻子俞氏也来杭州找过李叔同，千辛万苦找遍杭州所有寺院，虽得以相见，李叔同却始终不愿抬一下头，也不肯多说一句话，他仍雇一小舟，消失在云湖深处。

相对于李叔同的艺术造诣，我们可能更好奇他的出家缘由。据传，1911 年辛亥革命爆发，李叔同的 30 万元家财顿时化为乌有。这样动荡的年代，能保住性命已属万幸，更何况是万贯家财。这次经济上的重大损失对李叔同的打击很大，对于 20 岁便患上神经衰弱症的李叔同而言，好似雪上加霜。

李叔同在出家前，将很多书画作品送给了好友夏丏尊及弟子丰子恺、刘质平等人，同事兼好友的夏丏尊对李叔同的思想情绪影响尤深。当时浙江省立第一师范学校有一位名人前来讲学，李叔同与夏丏尊却躲到了西湖湖心亭去喝茶，夏丏尊说："像我们这种人出家做和尚倒是很好的！"这句话极大地触动了李叔同，后来他便只身一人去了虎跑寺断食二十日，出来自觉有"脱胎换骨"之感。李叔同断食回校，夏丏尊看到李叔同"世味日淡"，颇为担忧，脱口而出道："这样做居士究竟不彻底，索性做了和尚，倒爽快！"夏丏尊的这句激愤之语，竟一语成谶。

李叔同的爱徒丰子恺在《我的老师李叔同》一文中有言："弘一法师由翩翩公子一变而为留学生，又复而为教师，三变而为道人，四变而为和尚。每做一种人，都十分像样。"丰子恺在评价老师的艺术生涯时则说："文艺的园地，差不多被他走遍了。"林语堂也高度评价道："李叔同属于我们的时代，却终于抛弃了这个时代，跳到红尘之外去了。他是我们这个时代最富有才华的几位天才之一，也是最奇特的一个人，最遗世而独立的一个人。"

富贵禅灯三更梦，一觉醒来皆成空；半世繁华半世僧，世间再无李叔同。

2021 年 9 月 20 日稿

耿直 的 梁漱溟

　　梁漱溟被称为"中国最后一位大儒家"。他一生只追求两个问题：一个是中国问题，即现实的中国国家问题、社会问题；另一个是人生问题，即人活着是为什么。他也是中国著名的思想家、哲学家、教育家、社会活动家、爱国民主人士，现代新儒家的早期代表人物之一。

　　梁漱溟的一生也是充满了矛盾，他说自己一生有四件事情始料未及：第一，最讨厌哲学，结果自己却讲了哲学；第二，在学校没读过孔子的书，结果讲了孔子的哲学；第三，未曾读过大学，后来教了大学；第四，生于都市，长于都市，一生却致力于乡村工作。

他是一位耿介的书生，他评价自己是："独立思考，表里如一。"他待人总是直来直去，作为民主人士，他和蒋介石、毛泽东都有过交往，甚至和毛泽东在延安有过八次长谈，每次都在两个小时以上，其中两次是通宵达旦。他的乡村建设理念也曾深深地影响过毛泽东。当然毛泽东的思想也让他佩服不已，尤其毛泽东《论持久战》的观点更是令他佩服得五体投地。在那个战火纷飞的年代，很多人不敢相信中国抗日能够成功。而梁漱溟和当年的斯诺一样，在延安会见了毛泽东，就看到了新中国的希望。

年轻时的梁漱溟因看不惯民国官场的勾心斗角、尔虞我诈，加上母亲去世，一度萌生过自杀的念头，后被室友发现，才避免了悲剧的发生。此后，他转而信奉佛学，在拜读大量佛家经典后，梁漱溟领悟到人生是与苦相始相终的。他说："人生的苦乐不在外界（环境），而在自身，即在主观上，其根源是自己的欲望，满足则乐，不满足则苦，而这种欲望是无穷无尽的。"他潜心向佛，在国立北京大学任教期间，还与北京的寺庙保持着联系，抗战逃往重庆期间，又成了一名藏传佛教信徒。

梁先生高寿，活到了95岁，这和他的素食主义有关，也和他的心态有关。他坚持素食70余年，除了鸡蛋、牛奶，其他荤腥一律不沾。毛泽东知道他的食素习惯，所以几次在宴会上相遇，都没有逼迫他饮酒，还笑称："梁先生如此清心寡欲，定长寿也！"

对毛泽东而言，梁漱溟是绝对的诤友，别人不敢讲的话，梁先生都敢讲出来，尤其在延安分别时，毛泽东一定要他提一点批评意见，梁漱溟考虑了一下，便直率地对毛泽东说："希望你对自己不要过于自信，对别人不要过于怀疑。"还有一次，毛泽东问他对土地改革有何看法，他略加考虑后说："土地改革深得民心，很必要，也很及时，但毛病不是没有。比如政策规定不许打地主，但我亲眼看到在斗争会上打得很凶，这个问题应该引起注意，不然地主感到自己没有活路，不是反抗，就是自杀，那都不好。"

正因为这种耿介，梁漱溟曾被迫"闭门思过"。1956 年的"大鸣大放"运动，很多人劝他出来说几句，他便保持沉默了。可躲过了"反右"运动，却没有躲过"文革"的批斗，他还是被戴上了"右派"的帽子。梁先生的心态是真的好，红卫兵小将轮番批斗他，他一有空还打个太极拳，全然没有把这些"身心折磨"放在心上，这也是他长寿的秘诀。

梁漱溟有两个儿子，原配夫人黄靖贤为了满足他想要一个女儿的愿望，竟难产而死。后梁漱溟与 40 多岁的北大毕业生陈淑芬再婚，但因陈氏个性太强，夫妻关系并不和谐，耄耋之年的梁漱溟曾说过:"只有黄氏才配做我的妻子!"

梁先生不善言辞,他的课却深受学生喜欢;梁先生不懂察颜观色,他的为人却令后人景仰。也正是这种表里如一,才使他赢得了"中国最后一位大儒家"的称号。

2021 年 10 月 6 日稿

爱国 的 朱自清

朱自清的散文言辞考究，意蕴隽永，被收入教材的也颇多，从小学教材里的《匆匆》，到初中课本里的《春》《背影》，再到高中必修的《荷塘月色》，不知感动过多少学子，激励过多少后人。

朱自清出生于苏北的一座小城——东海县，两个哥哥相继夭亡，他的诞生给朱家带来无比的欢愉。祖父是清朝的小官员，父亲朱小坡也是一位读书人，对幸存下来的宝贝儿子寄予了厚望。

朱小坡认为"腹有诗书气自华"，于是给儿子取名为"自华",这是朱自清的原名。1916 年,他报考北京大学,改名为朱自清,源自《楚辞》中的"宁廉洁正直以自清乎",朱自清以此警醒自己要保持正直和清白。

朱自清 6 岁时(1903 年)随父迁居到扬州,他在扬州生活了 13 年,在那里度过了最难忘的童年和少年时光。朱自清在自己的文章《我是扬州人》中曾说:"青灯有味是儿时。"在扬州,他接受了传统私塾教育,也打下了深厚的国文功底。扬州自古佳丽云集,英雄辈出,是历史上有名的"淮左名都"。朱自清在书文中也一再庆幸自己是个扬州人,并说:"生于斯,长于斯,歌哭于斯。"

朱自清 1916 年中学毕业后,成功考入国立北京大学预科,这时的北大正涌动着新文化的浪潮,朱自清也在这儿萌发了诗兴,并于 1919 年陆续发表新诗。1922 年,他与叶圣陶等人创办了我国新文学史上第一个诗月刊——《诗》,大力倡导新诗。五四运动的狂飙激荡着他的血液,也激起了他的创作热情。1918 年冬天,由于祖母去世,父亲差事交卸,长女出生,朱自清便从北大提前毕业,连忙乘车南下。他由于综合表现优异,在北大校长蒋梦麟的推荐下,又谋到了浙江省立第一师范学校的教职,随后又经好友刘延陵介绍去上海中国公学中学部教书。他后来只身一人还去过浙江台州、温州和上虞等地教书,与叶圣陶、夏丏尊、丰子恺、俞平伯等人结下了深厚的友谊,五年的中学教学生涯和所见所闻，对他此后的创作也产生了深远的影响。

1925 年，朱自清经好友俞平伯介绍，开始担任清华学校中文系教授，同时开始从事文学研究，体裁也开始向散文方向发展。1928 年，他的第一本散文集《背影》出版，在当时的文坛引起了不小的轰动，他文中的真挚情感，宛如一股清泉淌过了那个污浊冰冷的岁月。朱自清一直怀有忧国忧民的情思，加之后来原配夫人武钟谦的英年早逝，使他的文章又多了几分忧郁和伤感。

1931 年 8 月，朱自清留学英国，进修语言学和英国文学，留学间隙漫游欧洲五国，写下了《欧游杂记》和《伦敦杂记》。1932 年 7 月，朱自清回国并担任了国立清华大学中国文学系主任，与闻一多同事，两人常一起讨论诗文，相谈甚欢。1932 年 8 月 20 日，朱自清携续弦陈竹隐女士回扬州省亲，随后在上海举办了婚礼。1936 年，朱自清出版散文集《你我》，其中《给亡妇》一文深情追忆了与亡妻武钟谦的种种往事，情真意切，凄婉动人。

抗战全面爆发后，朱自清也来到了西南联大继续教书。在大后方，他目睹了饥民哄抢米仓的悲惨场景，于是愤然写下了《论吃饭》一文，强烈指责当权者的腐朽和对人民温饱问题的漠视，鼓励民众为维护自己的天赋人权而不懈斗争。1946 年，

"李闻血案"发生，他痛心疾首，著文揭露国民党的卑劣行径。1948年6月18日，朱自清在《抗议美国扶日政策并拒绝领取美援面粉宣言》上签字，并嘱告家人坚决不买美国配售面粉，这也使他的胃病进一步恶化。同年8月12日，正直不屈的朱自清教授终因胃穿孔而离世，享年只有50岁。

毛泽东曾称赞他："一身重病，宁可饿死，不领美国的'救济粮'的'骨气'，表现了我们民族的英雄气概。"的确，面对他的铮铮铁骨、爱国热情、绝世散文，怎一个"敬佩"了得！

2021年10月29日稿

浪漫 的 徐志摩

徐志摩是现代诗的开创者之一，朦胧诗的先知，新月派代表人物。一提起徐志摩，我们首先会想到《再别康桥》："轻轻地我走了，正如我轻轻地来。"这句诗可能也是对他一生最好的总结。

徐志摩出生在浙江海宁硖石镇，父亲徐申如是当地的首富，这样丰厚的家底，使徐志摩从小就过上了衣食无忧的生活。然而他并不是纨绔子弟，相反，他的学习成绩相当优异，无论在硖石开智学堂，还是杭州一中，甚至后来去美国留学，成绩都是班里的佼佼者。学业上的傲视群雄、形象上的英俊潇洒，也使徐志摩志得意满，仰慕追求者众多。1921 年，他又赴英国留学，入剑桥大学当特别生，研究政治经济学。就是在这浪漫的"康桥"，他邂逅了女神林徽因，开启了一段空前绝后的浪漫恋情。为了梦中的女神，他不惜抛妻弃子，妻子张幼仪追到英国，也没能挽留住这段婚姻。所以晚年的张幼仪能够原谅陆小曼，却始终无法原谅林徽因。

诗人徐志摩苦苦追求梦中的女神，终究还是竹篮打水一场空，女神嫁给了恩师梁启超的长子梁思成。极度失落的徐志摩转而追求起了朋友王庚的妻子陆小曼。交际花陆小曼也是个多才多艺的美女，尤其工于绘画，曾师从于刘海粟。陆小曼对才子徐志摩也是一见倾心，两人很快走到了一起，证婚人就是恩师梁启超。据说在婚礼上，梁启超还责骂徐志摩用情不专，搞得场面非常尴尬。徐志摩和陆小曼两人的结合也颇费了一番周折，虽然王庚最后还是忍痛割爱，选择放手成全，但还是遭到徐家的反对，徐志摩的父亲徐申如一直不肯接纳陆小曼，却始终把张幼仪当作自己的儿媳。

失去经济资助的徐志摩无奈地打起了多份工，在上海、南京和北京三地之间来回奔波讲学，最后因搭乘中国航空公司"济南号"免费邮政飞机由南京北上而遭遇空难。这样一位才高八斗的现代诗人如流星般划过天空，耀眼却稍纵即逝。据说当时徐志摩是为了去北京听林徽因的一场演讲。林徽因得知噩耗后，一度晕厥，夫君梁思成急速赶往空难事故现场，只拣到了几片飞机残骸。后来林徽因将两片残骸一直挂在卧室床头，直至去世，梁思成才将之取下。

徐志摩曾写给女神林徽因这样一首诗："我是天边的一片云，偶尔投影到你的波心；你不必讶异，更无须欢喜，在转瞬间消失了踪影……"徐志摩逝世后的第三年（1934年），林徽因与梁思成乘火车从浙江宣平返回北平，路过徐志摩的故乡海宁硖石站。昏沉的夜色中，林徽因独自凝望着幽暗的站台，物是人非事事休，欲语泪先流，回去后便写下了《纪念志摩去世四周年》一文。1936年，林徽因在《大公报·文艺》上又发表了1932年写就的纪念徐志摩的感人诗篇《别丢掉》："别丢掉／这一把过往的热情，／现在流水似的，／轻轻／在幽冷的山泉底，／在黑夜，在松林，／叹息似的渺茫，／你仍要保存着那真！／一样是明月，／一样是隔山灯火，／满天的星，只有人不见，／梦似的挂起，／你向黑夜要回／那一句话——你仍得相信／山谷中留着／有那回音！"1939年，还在西南联大外语系读书的许渊冲为了追求一位女生，将全诗翻译成了英文，美得令人沉醉。许老晚年每读此诗都会想起当年林徽因的悲伤，几度哽咽流泪，不能自已。

网友评价徐志摩是"一流诗人，超级渣男"。意思就是肯定他在诗歌创作领域上的贡献，而否定了他的人品（表弟金庸更是在他的武侠小说中多次影射徐志摩，把他刻画成一个拈花惹草、始乱终弃的负心汉）。其实不然，徐志摩除了感情生活有点"糊涂"，对待朋友还是非常真诚的。比如他对落难青年沈从文的提携与关心，他对新月社事务的热衷与执着，都是有目共睹的。徐志摩之所以感情生活为人所不齿，可能是他心中一直驻着一个"女神梦"，他拼尽全力玩命地追逐，最后却一次次碰壁，一次次被人奚落，可他依然我行我素，无怨无悔，天真得像个孩子。

冰心对他的评价是："上天生一个天才，真是万难，而聪明人自己的糟蹋，看了使我心痛。志摩的诗，魄力甚好，而情调则处处趋向一个毁灭的结局。"冰心和林徽因是老乡，又同在美国留学而相知相熟，最后两人关系决裂也和徐志摩有关。冰心曾写过一篇《我们太太的客厅》，内涵林徽因，说徐志摩是蝴蝶，而不是蜜蜂，女人好处就得不着，女人的坏处就使他牺牲了。林徽因也因此大发雷霆，两人终于分道扬镳。现在想想，我们真的不能错怪林徽因，她当时也只是一位懵懂的少女，面对有妇之夫徐志摩的爱情攻势，完全无所适从，最后只能选择逃避，让诗人一个人继续疯狂。

蔡元培在徐志摩的挽联上写道："谈话是诗，举动是诗，毕生行径都是诗。"的确，徐志摩把自己活成了一首现代诗，他如雪花般飞扬，飞扬，飞扬，最后失去了方向。

2021 年 11 月 4 日稿

贤淑 的 杨绛

　　杨绛先生离开我们已经有五年半的时间了。记得那是2016年的5月25日1时10分，去世时享年105岁，那天整个微信朋友圈都刷屏了，最令我难忘的标题就是："他们终于在天国团圆，先生一路走好！"

　　在文学界，女性被称为"先生"的真的不多，杨绛则是当之无愧的一个，钱锺书曾给了她一个极高的评价："最贤的妻，最才的女！"

　　杨绛本名杨季康，江苏无锡人。父亲杨荫杭早年留学日美，是中国近代史上有名的进步学者和法学家。母亲唐须嫈也是一位贤惠文静的知识女性，与杨荫杭结婚后，甘做贤妻良母，相夫教子，料理家务，这给年幼的杨绛创造了优越的学习和生活环境。

1923 年，杨绛随家迁往苏州，并入振华女校就读中学。报考清华学校外文系失败后，她转投苏州东吴大学。1932 年，杨绛从苏州东吴大学毕业，成为国立清华大学的借读生，也是在这里，认识了相伴一生的钱锺书。钱锺书是清华有名的才子，可惜生活自理能力太差，尤其 1935 年至 1938 年，她与夫君钱锺书一起留学英法，这时的"千金小姐"杨绛便被迫承担起了全部家务。1937 年 5 月，她在英国牛津诞下了他们的独生女——钱瑗。钱瑗的出生给这个书香家庭带来了无限的欢愉，"书呆子"钱锺书更是将她视若"掌上明珠"，百般疼爱。

1938 年，欧洲开始动荡，国内也遭遇了日军的全面侵华，杨绛随钱锺书带着一岁的女儿回国。回国后，她历任上海震旦女子文理学院外语系教授和国立清华大学西语系教授（钱锺书也被国立清华大学破例聘为教授）。他们夫妇一生与清华结下了不解之缘。2001 年，杨绛将该年上半年所获 72 万元稿酬及其后出版作品获得报酬的权利，全部捐赠给了母校清华大学，并设立"好读书"奖学金（拒绝以他俩的名字命名），以鼓励清华学子多读书、读好书。

1949 年新中国成立后，杨绛又得到清华大学聘书，开始兼任教授。"文革"期间，杨绛没有逃过冲击，被诬蔑为"资产阶级学术权威"，十年劫火让杨绛身心俱疲，她不仅要照顾自己，还要照顾钱锺书和钱瑗，她甚至被剃阴阳头，罚扫厕所。然而这一切都没有击垮她生活、学习的意志，她在打扫厕所的闲暇时间完成了《堂吉诃德》的全部译稿。后来，西班牙国王访华，杨绛的这本《堂吉诃德》被周恩来总理当作国礼送给了国王，国王很惊讶这样一本大部头译著竟出自自学西班牙语的柔弱女子——杨绛之手。

杨绛一边照顾家庭，一边坚持创作。1987 年，她又写出了长篇小说《洗澡》，轰动文坛。1997 年 3 月 4 日，女儿钱瑗因患脊椎癌去世，夫君钱锺书又在次年的 1998 年 12 月 19 日去世，对她的双重打击犹如晴天霹雳。带着对爱女和老伴的无限思念，92 岁高龄的杨绛开始创作回忆性散文集——《我们仨》，书中深情回忆了他们仨一起走过的点滴岁月和幸福时光。"你若安好，便是晴天！"在杨绛的眼里，没有什么事比三人平安团圆更为重要。

2005 年，杨绛由医院出院，独自回到了人去楼空的三里河寓所，继续构思创作她的最后一部作品——《走到人生边上》。她说："我和谁都不争，和谁争我都不屑；我爱大自然，其次就是艺术；我双手烤着生命之火取暖；火萎了，我也准备走了。"的确，杨绛一生都在追求学问，一生都在伏案读书写作，她的人生信条就是：淡然处世，与世无争。她耐得住寂寞，也守得住底线；她能耗时13年为钱锺书整理中外文读书笔记，且里面有很多是她不认识的外国文字，这不仅感动了中国，更感动了全世界。

她的百岁没有虚度，她生命不息，奋斗不止，她曾对迷茫的年轻一代说："你们的问题在于读书太少，而想得太多。"何等的发人深省！

2021 年 11 月 11 日稿

爽朗 的 老舍

老舍是满族人，父亲是一名满族的护军，在八国联军攻打北京城的战争中不幸牺牲。他从小就靠母亲替人洗衣裳做针线活维持生计。

老舍在自传中说："母亲并不软弱……她不慌不哭，要从无办法中想出办法来，她的泪会往心中落……我的真正教师，把性格传给我的，是我的母亲。母亲并不识字，她给我的是生命的教育。"老舍从小家境贫困，可母亲还是节衣缩食地供他读书，又幸好遇上了生命中的贵人——他敬仰的刘大叔（宗月大师），大师资助他完成了学业。加之老舍从小就十分争气，靠自己奋斗如愿考入了师范学校，毕业后，又被分配到一所小学当校长。

如果没有五四运动，老舍可能一辈子就是个教书先生，永远成不了作家。是五四运动擦亮了他的眼睛，他说自己的灵感完全来源于反封建和反帝国主义。的确，在那个动荡的年代，老舍亲闻和亲历过许多悲苦的事情，对底层人物、弱势群体的同情是他写作的动力与源泉。

1924年秋天到1929年夏天，老舍在伦敦住了五年，期间在《小说月报》上连载长篇小说《老张的哲学》，第1期署名为"舒庆春"，第2期起就用"老舍"这个笔名，应该说英国的教书生涯使老舍成了一名合格的作家。

老舍的"一鸣惊人"还是因为《骆驼祥子》这本书。在写这本书之前，老舍总是以教书为正职，写作只是副业，《骆驼祥子》的创作是他开启职业写家的第一炮。关于车夫——祥子的故事，老舍也是听来的，而且是两个车夫故事的叠加，老舍边写边在《宇宙风》杂志上连载。据老舍自己回忆，这个故事在他心中酝酿了好久，收集的材料也相当得多，所以一落笔便准确，不蔓不枝，没什么敷衍的地方。连载完成这部长篇小说后，他对《宇宙风》的编辑直言道："这是我最满意的一部作品。如果说有什么遗憾的话，就是因为连载字数限制的原因，导致结尾太仓促，感觉'太慌了'点。"

对老舍这样才气横秋的作家来说，靠专业写作亦很难养家糊口。尤其1937年七七事变后，大量的杂志社都倒闭了，他流亡至武汉、重庆、昆明等地，最后一家人在重庆团圆。抗战期间，老舍创作并由良友复兴印刷公司出版《四世同堂》第一卷《惶惑》。1946年，由美国文化处官员费正清提名，他与戏剧家曹禺受到了美国国务院的邀请，到美国讲学，同年出版《四世同堂》第二卷《偷生》。这是一部表现抗战期间北平沦陷区普通民众生活与抗战的长篇小说，也是当时出版的最优秀的小说之一。身处异国他乡的老舍，一直心念祖国，1949年新中国成立前夕，周恩来总理向他发出邀请，希望他回国共商国是。老舍二话没说，果断离开了诱人的美利坚，投入了祖国的怀抱。

新中国成立后，老舍一家在北京团圆，他欣喜若狂，感念新社会的种种温暖，以满腔的热情创作了《龙须沟》《过新年》《别迷信》等优秀的时代作品。1951年，北京市人民政府第八次会议决议，授予他"人民艺术家"的称号。1953年，他以慰问团副团长的身份随贺龙访问朝鲜，并创作了小说《无名高地有了名》。1956年到1962年，又迎来了老舍创作的高峰期，话剧《茶馆》发表于《收获》第一期，引起了巨大的反响。该剧展现了戊戌变法、军阀混战和新中国成立前夕三个时代近半个世纪的社会风云变化，从一个叫裕泰的茶馆揭示了近半个世纪中国社会的黑暗腐败、凄惨经历，以及芸芸众生在那个时代的艰难生活。剧作在国内外多次演出，获得了极高的评价，时至今日，还有相当大的点播率，堪称奇迹。

1966 年，"文革"来袭，老舍亦没有逃过此劫。8 月 23 日这天，一批暴徒闯进了北京市文联的办公室，20 多位著名的作家、艺术家遭到了毒打，老舍头部被打伤，满脸是血，全身伤痕累累。24 日上午，他满怀愤怒与委屈，痛苦地跳入了靠近德胜门的太平湖。

这是时代的悲剧，愿善良、正直的老舍能够在天堂安息！如今您的作品广泛出现在教科书和影视屏幕上，或许是对您最好的告慰吧！

2021 年 11 月 25 日稿

坚强 的 巴金

　　余秋雨先生在《百年巴金》一文中说："巴金的重要，首先是他敏感地看了一个世纪。这一个世纪的中国，发生多少让人不敢看又不能不看、看不懂又不必要懂、不相信又不得不信的事情啊。但人们深陷困惑的时候，突然会想起还有一些目光和头脑与自己同时存在。存在最久的，就是他，巴金。"

　　巴金，本名李尧棠，字芾甘。他出生在锦衣玉食的成都官僚家庭里，祖父和父亲都做过知县，也算是名门望族。天真无邪的巴金在成都高墙深院的李公馆生活了五年后，便随父亲去了广元，后来"四川保路运动"爆发，巴金重新回到了成都。

在这个等级森严的封建大家族里，巴金感受到了下层佣人们的痛苦，也目睹了大哥的乏味人生。1914 年，巴金 10 岁的时候，疼爱他的母亲生病离世，两年半后，父亲又去世。双亲的突然离世，给少年的巴金造成莫大的精神打击。他在大哥李尧枚的呵护下长大成人，可他又不想走他大哥的老路，不想因为家族而放弃自己的理想和追求，他一心要出去求学，要走出四川大山。

1923 年 4 月，不满 19 岁的巴金终于同朝夕相伴的三哥李尧林一道乘着木船离开了生他养他的故土，去往上海求学，后来又辗转去了南京，考进了国立东南大学附属中学。1925 年，巴金准备报考向往已久的北京大学，却因体检不过关（肺部患病）而不能如愿。北上不成的巴金，带着惆怅返回了南京，为了养病和治病，巴金随后又独自去了上海。此后一年多的时间里，他一边治病，一边读书、翻译和写作。1927 年，22 岁的巴金同朋友卫惠林一道，登上了去往法国的"昂热"号邮轮，自费去欧洲留学。1928 年，巴金在法国创作完成了第一部小说《灭亡》，并第一次署上了"巴金"这个笔名。

巴金曾回忆说："《灭亡》的发表似乎没有增加大哥对我的了解，可是替我选定了一种职业。我的文学生活就此开始了。"此后的 10 年间，巴金的小说创作一直表现知识青年的革命思想和进步情怀。尤其《激流三部曲》第一部——《家》的出版，在文坛引起了轰动。后来毛泽东在延安遇到巴金时说："很多青年是看了你的作品才走上革命道路的！"的确，巴金始终怀着对帝国主义和封建专制主义的憎恨，以及对劳苦大众的同情心在创作着。他虽未能加入中国左翼作家联盟，可他一直用作品和实际行动支持和赞助左翼文学运动。当时巴金已经成为众多热血青年心目中的偶像，其中就包括后来成为他夫人的萧珊女士。萧珊同当时许多少男少女一样，爱读巴金的作品，并从中受到鼓舞。1944 年 5 月，两位情投意合、相恋八年之久的恋人终于走到了一起，年近四十的巴金和 27 岁的萧珊在贵阳城南郊花溪镇一家名为"小憩"的旅馆里低调结婚。

抗战结束后，巴金一家三口回到了上海。1950 年，巴金出任平明出版社的总编辑、上海市文学艺术界联合会副主席、中国作家协会上海分会主席，并出版了自己的《巴金文集》。

"文革"中，巴金目睹了老舍的愤然离世，面对肉体的折磨、精神的摧残、人格的侮辱，巴金也想到过死，可他还是凭借顽强的信念挺了过来。1972 年，亲爱的妻子萧珊满腹委屈地离开了人世，这对他的打击是巨大的，人也一下子苍老了许多。熬过"文革"严冬的巴金，忍受病痛的煎熬，用了七年零九个月的时间完成了五集的《随想录》，他对那段荒诞的岁月进行了梳理和反思。我曾如饥似渴地品读过，当我看到书中第一集的《怀念萧珊》和第四集的《再忆萧珊》时，心头不禁一阵悸痛，眼角竟不自觉地淌下泪来。

当时有一位文人这样说过："学者读《管锥篇》,常人看《随想录》,各有千秋。"古稀之年的巴金满怀深情写作的这部《随想录》,被时人评价为："热透纸背,情透纸背,力透纸背,是一本反映时代声音,充满忧国忧民激情的大书。"

晚年的巴金还一直告诫来信的文学爱好者们："写作一定要写自己最熟悉的、感受最深的东西。"我也将此作为忠告,与自己的学生弟子们共勉。

2005 年 10 月 17 日,巴金在上海逝世,享年 101 岁,他的高寿是民族的幸事,也是国家的幸事。他走过了百年,也思索了百年,他的思想之光仍照亮着前方。

2021 年 12 月 2 日稿

自傲 的 张爱玲

张爱玲是公认的才女，1920 年出生于上海，原名张煐。7 岁时就开始写小说，她有显赫的家世，却没有幸福的童年。尽管她出身名门，祖母李菊耦是晚清重臣李鸿章的长女，可他的父亲张廷重却是典型的纨绔子弟，吸鸦片，脾气暴躁，后来干脆与张爱玲的母亲黄逸梵离婚，这更给年少的张爱玲蒙上了一层心理阴影。

1924 年，小爱玲就开始接受私塾教育，可母亲为了追求新式生活，竟抛下小女远赴欧洲游学，把她交给姨奶奶看管，这也是爱玲噩梦的开始。她得不到母爱，更缺失父爱，但从小与文字结缘，喜欢上了写作，这或许是她发泄内心情愫的最好方式。

1930 年，入美国教会学校——黄氏小学读书，这时改名为张爱玲。同年父母离异，她随父生活。1931 年，入上海圣玛利女校读书，第二年便发表首部短篇小说——《不幸的她》。1939 年，张爱玲考取伦敦大学，因战事而改入香港大学文学系读书，她的学习成绩相当优异，尤其语言方面天赋异禀。

张爱玲说："出名要趁早，来得太晚，快乐也不那么痛快。"为此，她在写作的道路上狂奔不歇，终于年少成名。然而谋事在人，成事在天。1942 年，因日军入侵香港，香港大学停办，张爱玲没有毕业就无奈地返回上海。1943 年，张爱玲拜访《紫罗兰》杂志的主编周瘦鹃，大获赞赏。同年在该刊物上发表《沉香屑·第一炉香》和《沉香屑·第二炉香》，在上海文坛一炮走红。随后在半年多的时间内先后发表了《倾城之恋》《金锁记》《红玫瑰与白玫瑰》等。

如此才华横溢的才女当然是孤傲的，追求和仰慕者众多。1944 年，张爱玲认识了胡兰成，一切似乎都是那么顺理成章，美满的事业带来幸福的爱恋。可令她意想不到的是，胡兰成并没有真心喜欢她，纵然才女张爱玲能够写出风花雪夜、你侬我侬的优美文章，可还是饱尝了背叛和不忠的苦涩。

张爱玲说："生命是一袭华美的袍子，上面爬满了虱子！"的确，此时的胡兰成就是一只嗜血的大虱子，而张爱玲则是那袭华美的袍子。二人的结合，没有光鲜、亮丽，只有丑陋、恶心。于是同样婚姻不幸的才女——苏青成了她最好的闺密，她俩互相欣赏，彼此慰藉，不知是同病相怜，还是都已看透了男人。

1947年，张爱玲在爱情里彻底绝望了，却在电影里找到了新的期盼。当她将剧本《不了情》和《太太万岁》所得的30万法币的酬劳寄给胡兰成时，心中的平静远大于悲伤，才女张爱玲无奈地用金钱买断了这段没有结局的恋情。1948年，她仿佛彻底从失恋的阴影中走了出来，她与导演桑弧的爱情也开始悄悄地萌芽，又默默地凋零。若不是《小团圆》的出版，人们还以为她和桑弧之间的感情只不过是小报编辑编出来的无聊绯闻。

1955年秋，张爱玲乘"克利夫兰总统号"邮轮赴美国定居，生活一度陷入困顿。第二年偶遇了美国剧作家赖雅，两人一见如故，赖雅也成了她经济的后盾。半年后，两人闪婚同居，此段婚姻一直维持到1967年赖雅逝世。张爱玲后来一直以"赖雅夫人"自称，再也没有改嫁。

1972年，名气渐涨、收入渐丰的张爱玲移居到了西部洛杉矶，并开始潜心创作，尤其对《红楼梦》研究颇有心得。1977年，张爱玲前后历时10年创作的《红楼梦魇》终于完稿，她也因此跻身于"红学家"的行列。书中说人生有三大憾事：一恨鲥鱼多刺，二恨海棠无香，三恨红楼梦未完，可谓意味深长。她可能早已把自己代入金陵十二钗的不幸女子中去了，要么远嫁，要么遁入空门，最后她选择了"探春"，嫁得很远，流浪漂泊。

1995年9月8日，张爱玲的遗体在其洛杉矶西木区公寓死后一星期才被发现，享年75岁。9月19日，遗体在洛杉矶惠泽尔市玫瑰岗墓园火化，骨灰撒于太平洋。一位才华出众又命运多舛的传奇女子，就这样悄然逝去了。她似乎一生都在治愈童年的不幸，可最后还是败给了不幸。

著名作家叶兆言评价道："张爱玲的一生，就是一个苍凉的手势，一声重重的叹息。"我则说她更像一朵凄美的"女人花"，摇曳在红尘中，花开花谢终是空！

2021年12月8日稿

内向 的 曹禺

　　曹禺的出名，肯定是因为话剧《雷雨》的轰动效应。我曾在学校元旦文艺汇演时，观摩并指导过学生表演的该剧片段，对资本家周朴园的爱恨情仇印象尤深。真的难以置信，近100年了，这部话剧对当代青年还有如此大的吸引力，看来情感这东西是不受时空限制的。

　　曹禺原名万家宝，1910年9月24日出生于天津一个没落的封建官僚家庭，中国杰出的现代话剧剧作家，有"东方莎士比亚"之称。话剧《雷雨》既是他的处女作，也是他的成名作。

　　曹禺的父亲曾做过黎元洪的秘书，曹禺出生三天便丧母，由母亲的孪生妹妹抚养长大。继母喜欢看戏，在曹禺三岁时便常带他出入剧院，观赏京剧、河北梆子、山西梆子等中国传统戏曲。曹禺也耳濡目染，幼年时就喜欢上了戏曲。

1922 年 9 月，曹禺考入天津私立南开学校，因校长张伯苓十分注重因材施教，对优秀生和特长生尤其关照，在这样的氛围中，他沉迷在了书的海洋。1925 年 3 月，他加入南开学校文学会，开始对新文学无比痴狂，并开始模仿郁达夫《春风沉醉的晚上》写了一篇小说，取名《今宵酒醒何处》。此小说刊登在 1926 年 9 月出版的《玄背》第 6 期上，到第 10 期载完，都署名"曹禺"。他是将"万"的繁体字"萬"拆为"艹禺"，取"艹"的谐音为"曹"，两者结合而为"曹禺"。他在南开新社团遇到了恩师张彭春，张彭春从国立清华大学回到私立南开学校任教，不仅带动了南开新剧运动的再次振兴，更在很大程度上决定着曹禺的前途命运。曹禺天才的演技，也被张彭春老师挖掘了出来，得到淋漓尽致的发挥。

1929 年，曹禺父亲因中风猝死，一夜之间，他觉得自己长大了。1930 年暑假，他决心离开南开，去往国立清华大学西洋文学系。清华校园对他而言，俨然是一处"世外桃源"，可以自由发展。1933 年，他 23 岁，就一个人躲在图书馆二楼的阅览室里写他的第一部剧作——《雷雨》。在构思《雷雨》的故事上，他费的功夫最多。他深受希腊悲剧、易卜生戏剧，甚至佳构剧的影响。也因为这部作品的创作成功，曹禺迎来了美好的爱情，他与清华同学郑秀之间长达三年的爱情马拉松终于瓜熟蒂落。1936 年 11 月两人订婚，次年结婚。可在婚后不久，曹禺便和方瑞有了长达十年的婚外恋。最后曹禺还是跟郑秀提出了离婚，和方瑞走到了一起。感情这东西好像真的无法用"理性"来加以解释。

抗日战争期间，曹禺也是积极投身于抗日洪流，尤其他创作的《蜕变》真挚地反映了广大群众的爱国心声，也激发了民众的爱国热情。曹禺以戏剧为武器，宣传抗日思想，起到了意想不到的良好效果。

抗战胜利后的第二年（即 1946 年），曹禺和老舍同时受邀赴美讲学，1949 年又主动奔向解放区，参加以郭沫若为团长的中国和平代表团。新中国成立后，北京人民艺术剧院宣告成立，他担任第一任院长。"文革"中，他还是被扣上了"反动学术权威"的帽子，在劳改农场接受改造，但境遇比老舍要好很多。1976 年，"四人帮"被粉碎后，曹禺迎来了创作的春天，发表了五幕历史剧——《王昭君》。该剧参加了新中国成立 30 周年的汇演，赢得了一片赞誉之声。这也是曹禺为这次盛典献上的一份厚礼，同时寄托了他对祖国的美好祝愿。

1974 年，方瑞去世，郑秀希望能和曹禺复合，可是覆水难收，破镜难圆。1979 年，曹禺又和李玉茹结了婚，开始了他的第三段婚姻生活。李玉茹陪曹禺走完了人生最后一程，直到 1996 年曹禺去世。

临终前，曹禺还大声疾呼："我就是惭愧啊，你不知道我有多惭愧！我要写出一个大东西才死，不然我不甘。我越拜读托尔斯泰越难受，你知道吗？"尽管一生荣誉，头衔无数，可他还是自愧对不起这个伟大的时代，自愧自己没有达到创作的巅峰。他和晚年的梁实秋一样，心有余而力不足，不免令人惋惜。

2021 年 12 月 30 日稿

纯真 的 冰心

　　冰心，本名谢婉莹，生于 1900 年 10 月 5 日，卒于 1999 年 2 月 28 日，故被称为"世纪老人"，她也是中国文坛唯一获此殊荣的作家。

　　冰心的父亲——谢葆璋先生是赫赫有名的海军军官，曾参加过甲午海战，军舰被日军击沉后死里逃生回到了福建老家，冰心也是在这谢家大宅里出生的。该宅院原是革命烈士林觉民的故居，是冰心祖父谢子修从林觉民家属手中购得的。可是冰心 7 个月时就离开了这座宅院，跟随父亲来到了山东烟台。冰心的童年时光基本也是在这里度过的。

烟台在大海边，深沉的大海给了她丰富的感情养料，不仅灌溉了她童年时代的心田，也滋润了她一生的情感，为她今后的文学创作，尤其开辟儿童文学新天地打下了很好的根基。

冰心 4 岁时就跟着母亲认字，后来又跟随舅舅杨子敬读书学习，看了很多中外名著，如美国女作家斯陀夫人的《黑奴吁天录》（又称《汤姆叔叔的小屋》）、陈寿的《三国志》，以及施耐庵的《水浒传》等，这些名著把冰心领入了一个新奇的文学宝库。1911 年，11 岁的冰心考取了福州女子师范学校预科，过上了正规的学校生活。1913 年，随父迁居北京，住在铁狮子胡同中剪子巷，其父谢葆璋出任民国政府海军部军学司长。

冰心对北京的最初印象并不好，讨厌尘土飞扬、行人没精打采的老北京城。父亲谢葆璋租了一个很大的四合院，冰心一家人在这里住了 16 年。1914 年，冰心就读于北京教会学校贝满女中，1918 年，入读协和女子大学理科，开始向往成为医生，后来受五四运动和新文化运动的影响，转而学习文学，曾被选为学生会文书，投身学生运动，并因此参加北京女学界联合会的工作。在此期间，著有小说《斯人独憔悴》、诗集《繁星·春水》、短篇小说《超人》等，在中国文坛崭露头角。

1923 年，冰心进入燕京大学，并在一个牧师家里受洗归主。毕业后，赴美国波士顿的威尔斯利学院攻读英国文学，在那里度过三年宝贵的留学生涯。出国留学前后，冰心把旅途和异邦的见闻写成了散文寄回国内发表，结集为《寄小读者》，这也是中国早期的儿童文学作品。同年，她以优异的成绩取得美国威尔斯利女子大学的奖学金。1926年7月，冰心完成学业，登上了"约克逊号"邮轮归国。1929年，她与吴文藻先生（江苏江阴人）结婚，婚后随夫君到国外游学，先后在日本、美国、法国、英国、意大利、德国、苏联等国进行了广泛的访问，这也为她此后的文学创作开拓了全新的视野。

1933年末，冰心写就了《我们太太的客厅》，内容被文坛猜测影射林徽因，林徽因也因此大为恼怒，寄了一坛山西陈醋给这位"老乡兼闺密"，两人遂宣告决裂。抗日战争期间，冰心在昆明、重庆等地积极从事文学创作和文化救亡活动，且用"男士"笔名写了《关于女人》。据传，在昆明期间，冰心和林徽因住得很近，步行只需十几分钟，但一直没有往来，可见怨恨之深。抗战胜利后，1949年至1951年期间，冰心被东京大学聘为第一任外籍女教授，在日本登台讲授中国新文学史，并在当地的一些报刊上陆续发表一些短文，有一定的影响力。

1951年，年过半百的冰心终于回到了魂牵梦萦的祖国，以极大的热情为新中国的下一代写了大量的儿童文学作品。"文革"期间，冰心亦被抄家，还被关进了牛棚，在烈日下接受一次次的批斗。1970年初，冰心被下放到湖北咸宁的"五七干校"接受劳动改造，1971年，冰心与吴文藻终于历经磨难回到了北京，接受有关翻译的任务，这时她与吴文藻、费孝通等人开始合作翻译《世界史纲》《世界史》等著作。

粉碎"四人帮"后，冰心又迎来了生平第二次的创作高潮。在此期间发表的短篇小说《空巢》，更让无数读者感受到了她晚年的幸福与天伦之乐，此文还获得了全国优秀短篇小说奖。冰心晚年作品数量之多、内容之丰富、创作风格之独特，皆达到了一个新的高度，出现了一个让人称羡的晚年景观，真是"莫道桑榆晚，为霞尚满天"。

冰心在她的《繁星》里说："光阴难道就这般的过去么？除却缥缈的思想之外，一事无成！"冰心和杨绛一样，都是活到老、写作到老的学者型文人，两位百岁女人能被公认为"先生"，不是没有理由的。

冰心与20世纪同行，她的思想光芒穿越百年仍熠熠生辉。

2022年1月17日稿

随性 的 汪曾祺

严格来说，20世纪三四十年代的汪曾祺还只能算是个学生，因他在抗日战争期间就读于西南联大，而与众多文学大咖（比如闻一多、朱自清和沈从文等人）有过师生缘。很多有关西南联大和那些大咖的趣事也陆陆续续散见于汪老风趣幽默的回忆性文章中，为后人津津乐道。

汪曾祺1920年3月5日出生于江苏高邮，3岁丧母，对他影响极大的人有三位。一位是祖父汪嘉勋，他是一个头脑灵活的小商人，置下了一些产业，对小曾祺尤其悉心照顾，这在汪曾祺以后的作品中也有详细的描述，他主要教孙子描红和读书写文章；第二位对汪曾祺影响极大的人便是祖母，她会做各种各样的佳肴，在这样的家庭熏陶下，汪曾祺后来自然而然地成了"美食家"，且撰写出了许多充满人间烟火味的美食散文；最后一位对汪曾祺影响极大的人便是他的亲生父亲——汪菊生，由于汪曾祺早年丧母，父亲很是疼爱这个孩子，他与汪曾祺也是"多年父子成兄弟"。他俩无所不谈，竟引为知己。汪曾祺18岁后，父子两人常一起抽烟喝酒，插科打诨，在旁人看来，这是一对少见的"父与子"。

1939年6月，汪曾祺高中毕业，他一个人告别了家乡高邮，踏上了漫长而艰难的大学求学之路，他决心报考远在云南的国立西南联合大学。为此，他利用各种关系突破日本兵的封锁线，化装成一位药商，绕道越南，辗转来到了大后方的云南。然而，此时的云南并非安全之地，日本战机常来空袭，日本军国主义企图用轰炸来摧毁中国人的心理防线，从而达到"不战而屈人之兵"的目的。汪曾祺在1984年底写成的《跑警报》一文中，生动而形象地剖析了当时国人的心情，他们从容不迫、不卑不亢，如此困境之下，对中国的未来却没有失去信心。尤其西南联大的这批精英，更是迎难而上，发愤图强，为延续传承中华文脉做出了划时代的贡献。

1944年，只拿到西南联大肄业证书的汪曾祺来到了昆明北郊观音寺的中国建设中学当教师，其间开始文学创作，并与同在该校任教的施松卿相识，确立了恋爱关系。这两年的生活经历后来被他写进了《观音寺》和《白马庙》中。1946年初秋，汪曾祺辞去在中国建设中学的教师职务，告别白马庙，告别翠湖，只身一人去上海闯天下。可灯红酒绿的上海大都市并不是他能够轻易混下去的地方，接连碰了好几个钉子后，汪曾祺一度想到过自杀。他把自己的苦闷心情写信告知恩师沈从文，沈从文回信骂了他一顿，希望他不要对生活失去信心，并把他引荐给了李健吾。李健吾向汪曾祺施以援手，开始把他的文章在郑振铎主办的《文艺复兴》杂志上发表，从而让他在文坛慢慢崭露头角。

1949年4月，汪曾祺的第一本个人作品集——《邂逅集》发表。1950年，北京市文联成立，汪曾祺从武汉回到北京，任北京市文联主办的《北京文艺》的编辑。1964年，汪曾祺参与京剧《芦荡火种》（后改名为《沙家浜》）的剧本创作，一时间好评如潮。汪曾祺的戏剧创作天赋能得到充分的发挥，这也得益于他在西南联大读书期间宽松自由的学习氛围，他那时常不去学校听课，而是偷偷溜到街边的茶馆品茗听戏。

1966年，"文革"开始，汪曾祺即因"右派"问题被关进牛棚，1968年迅速获得"解放"，那是因为江青看中了他的《沙家浜》，并将它定为"革命样板戏"。1976年"文革"结束，也迎来了汪曾祺的创作高峰。1980年10月，小说《受戒》的问世更是引起了巨大轰动，报道和好评也如雨后春笋一般。也许是"人间烟火气，最抚凡人心"的缘故吧，如今他的《受戒》《人间草木》《风雨天涯》《人间至味》等力作仍深受读者的喜爱和追捧，我每每拜读，也是赞叹不已。

汪曾祺善于发现并表达人间的真善美，文字纯朴却意境幽远，这不是一般作家能够达到的火候。人们皆说："文如其人。"所以要想学汪派文风，必须先要"上得了厅堂，下得了厨房"，学他的厨艺和生活态度才行。他处世从不忸怩作态、矫揉造作，文章也就行云流水，非常得接地气。

其实，我最喜欢汪曾祺文学馆门口由启功书写、邵燕祥撰写的那副对联："柳梢帆影依稀入梦，热土炊烟缭绕为文。"多么富有诗意的总结！汪曾祺1997年5月16日离开这个世界，可故乡高邮从此留下了他的文字，引以为荣。

如今的高邮不只是有咸鸭蛋，更有一代文豪——汪曾祺，他憨态可掬，他文章了得，他是声振寰宇的一张文化名片。

2022年2月3日稿

呐喊 的 闻一多

　　闻一多一直以诗人和斗士的形象印在我的脑海里，他的那首《七子之歌·澳门》在 1999 年 12 月 20 日澳门回归祖国时传遍了大江南北，一度家喻户晓。

　　闻一多本名闻家骅，字友三，1899 年 11 月 24 日生于湖北浠水县巴河镇。梁实秋曾说："就是这样一个闭塞的地方，其家庭居然指导他考入了清华读书，不是一件寻常的事。"的确，那年清华只在湖北招了 4 名预备留美学生，闻一多便是其中之一。那年考试的作文题目是"多闻阙疑"，正好应了闻一多的来历，加之他读了不少梁任公的文章，作文便受到主考官的赞许。但因其他功课平平，只被录取为备取第一名。

　　闻一多1912年进入清华学校，一待就是十年。正常情况都是八年，可闻一多因英文跟不上和闹学潮被迫留级两年，他成了清华的"老同学"。后又考取留美庚子赔款官费生，这批庚子赔款资送的清华留美学生，后来成了中国现代知识分子的主要班底，那些早期的政治学者，几乎都出自清华，比如胡适、张奚若、钱端升、罗隆基等人。

　　在清华校园里，闻一多是著名学生刊物《清华周刊》的编辑，他在那里接受西化教育，也萌发了民主与爱国的情怀。闻一多不像胡适对美国文化那样倾心和热衷，他更喜欢中华文化。那时的青年闻一多是一个很有独立思考能力的知识分子，并不像40岁后那般偏激。

　　闻一多一直保留着"五四"情结，即便1922年7月去美国留学，他也同样怀有强烈的民族自尊心。当时的美国人还是比较歧视华人的，因此他只在美国待了三年（公费规定五年时间）。20世纪40年代，闻一多的思想突然左转，与他对美国的"没有好感"，多少是有些关联的。

　　回国后的闻一多经历了近五年的颠簸，先后在北平、南京、武汉和青岛等地辗转教书，最后才回到了母校国立清华大学任教，再也没有离开过。闻一多重返清华园的时间是1932年，时年34岁，正是年富力强的青年时期，薪水是340块大洋，一家几口人勉强度日，略有富余。这一时期，他的名士气最重，高梳着浓厚的黑发，架着银边眼镜，穿着黑色的长衫，抱着大叠的稿本，行走在校园里，就像一个充满书卷气的道士。闻一多讲课前还喜欢先点支烟，且问下面的同学有没有想抽的，口中还念念有词："痛——饮——酒，熟——读——离——骚，方得为真——名——士。"

七七事变爆发，打破了闻一多在清华园平静的教书生活，他先随学校迁到了国立长沙临时大学，南京失守后，国立长沙临时大学迁往昆明，他又和部分师生徒步走到了昆明。当时的闻一多为什么没有乘车，而是选择徒步，主要出于几个方面的考虑：一则因为经济拮据；二则想借此了解底层人民的生活；三则他学过绘画，还可以借机写生。

在昆明西南联大任教期间，闻一多的生活越发窘迫，尤其1944年昆明的物价暴涨，一家人的生活几乎陷入绝境。他无奈只好白天上课，晚上刻图章赚外快，校长梅贻琦还帮他吆喝叫卖过。也正是1944年，国民党定3月29日为青年节，同时主管教育的陈立夫加强了对大学的思想控制，要求大学的负责人加入国民党，学生统一教材，这更引起了教授们的反感，有强烈民主自由思想的闻一多便拍案而起，成了反对国民党黑暗统治的旗手。1946年7月11日，民主人士李公朴在昆明遭国民党特务开枪暗杀，闻一多在李公朴先生的追悼会上发表了义正词严、慷慨激昂的《最后一次讲演》，在回到家门口（昆明西仓坡）附近时亦被国民党特务暗杀，时年不到 48 岁。值得注意的是，被国民党特务暗杀的三位著名知识分子，杨杏佛、李公朴和闻一多，早年都曾是留美学生，思想都很进步。

闻一多的死是政治的牺牲品，更是一个时代的悲剧，却彻底揭露了蒋介石"假和平，真内战"的丑恶嘴脸。

闻先生没有白死，他的死重于泰山，名垂千古！

2022 年 3 月 22 日稿

淡泊 的 钱锺书

钱锺书出名，一是因为《围城》，二是因为杨绛。但锺书对《围城》不甚满意，对杨绛倒是满心欢喜。他俩的爱情始于一见倾心，陷于相濡以沫，终于岁月情长，堪称知识分子幸福美满婚姻之典范。

钱锺书，笔名中书君，1910年出生于无锡，和杨绛是同乡，因钟情于书，文科成绩超群而名扬天下。钱锺书还是个幽默大师，其幽默水平与鲁迅、梁实秋、林语堂等齐名，小说《围城》的幽默性在中国现当代小说中更是首屈一指。钱锺书还很狂，当年在清华读书时就扬言要"横扫清华图书馆"，1939年辞去西南联大教职时又说："西南联大的外文系根本不行，叶公超太懒，吴宓太笨，陈福田太俗。"他学富五车，记忆力惊人，常引来同辈的羡慕嫉妒恨。

钱锺书的生父是国学大师钱基博，因其大伯无子，出生不久就出嗣给了长房钱基成。大伯对他疼爱有加，在他4岁时就亲自教他识字，钱锺书7岁便读完了家中所藏的古典小说名著。钱锺书从来不死读书，而是着迷于联想对比阅读，喜欢"不动笔墨不读书"，这也是他读书过目不忘的奥妙所在。

钱锺书小学就读于无锡东林小学，中学就读于苏州的美国圣公会办的桃坞中学，这是一所教会学校，有诸多英文课程，钱锺书的英文水平也得到了飞速提升，加之他有深厚的国学基础，于是中英文水平俱佳，唯独数学不行。1929年，钱锺书报考全国最高学府——国立清华大学，数学只考了15分，而国文和英文成绩特优，英文更是满分，当时的清华校长罗家伦看到他优异的中英文成绩，特别兴奋，赞叹有加，便打破常规，破格录取了钱锺书。

进入清华校园的钱锺书，一直顶着"江南才子"的光环。大学四年，在图书馆借书之多无人能及，他不仅自己喜欢读书，还鼓励别人读书，且在书上用又黑又粗的铅笔划下佳句，又在空白处加上他的评语，据说清华藏书中的画线和评语大多出自此君之手笔。钱锺书的博闻强记不仅令同学许振德等人佩服，更令吴宓、朱自清等教授惊叹不已，毕业于哈佛的吴宓教授曾多次感慨道："当今文史方面的杰出人才，在老一辈中要推陈寅恪先生，在年轻一辈中要推钱锺书，其余如你我，不过尔尔。"钱锺书博览群书，超强记忆，所以底气十足，敢于挑战权威，当时的文学家朱自清教授、哲学家冯友兰教授、版本学家赵万里教授都受到了钱锺书同学的批评，真是"吾爱吾师，吾更爱真理"。这也成了清华校园里一道独特的"学术风景"。

1932 年春天，钱锺书与同乡才女杨绛一见钟情，他俩的一字情书很值得玩味，杨绛给他写了一个"怂"字，意思是问他心上人有几个，钱锺书则回复了一个"您"字，意即心中只有你。字少而情长，不愧是文人情书的绝品。

清华毕业的钱锺书在生父的介绍下，先在上海光华大学任讲师，因教学风格独特而受学生青睐。1935 年春天，他参加教育部第三届庚子赔款公费留学资格考试，以绝对优势被录取，留学英国。新婚不久的杨绛随钱锺书前往英国，开始了几年的伴读生涯。在英国牛津大学求学的钱锺书，饱读外文书籍，且掌握了英、法、德、拉丁等几种语言。1938 年 9 月至 10 月间，嗅到欧洲战争硝烟味的钱锺书带着一岁的女儿钱瑗果断回国，在西南联大任教一年多，大受学生欢迎。1939 年的他一边养病，一边着手筹建位于湖南蓝田的国立师范学院外文系。令他蜚声海内外的《围城》创作于 1944 年到 1946 年间，当时贤妻杨绛甘为"灶下婢"和忠实的"粉丝"，为他的写作出谋划策、保驾护航。

新中国成立后，受吴晗邀请，钱锺书重新回到清华大学外文系任教，度过了一段安逸而舒心的读书教书时光。1966 年"文化大革命"爆发，钱锺书和杨绛均被"揪出"，被当作"资产阶级的学术权威"，遭到了批斗。然钱锺书一直不卑不亢，奉行"士可杀而不可辱"的信条，令"造反派"敬畏三分，也少吃了一些苦头，和杨绛一起熬过了"五七干校"的艰难岁月。"文革"一结束，钱锺书又成了"香饽饽"，他开始赴美、日等国讲学，小说《围城》也是一版再版，连他的皇皇巨著《管锥编》也跟着火了起来，研究钱锺书顿时成了一种学术风尚。

然而出名后的钱锺书一直很低调，拒绝采访和无聊的应酬，只喜欢陪着杨绛在三里河的寓所里静静地阅读和写作。当时一位美国读者读了他的书后，执意要登门拜访，钱锺书在电话中说："假如你吃了一个鸡蛋，觉得不错，何必要认识那只下蛋的母鸡呢？"幽默至极！

他一辈子无欲无求，只想"我们仨"一起围坐在书桌旁谈心写作。1997 年 3 月 4 日，爱女钱瑗不幸患脊椎癌去世，杨绛强忍着悲痛不想让他知道，可敏感的钱锺书最后还是得知了噩耗，一度晕厥，于第二年（1998 年）12 月 19 日上午 7 时

38 分在北京病逝，享年 88 岁。

　　博古通今、学贯中西的钱锺书，在杏坛默默奉献了一辈子，但问耕耘，不问收获，用一生的言行诠释了"大师"这两个字的真正内涵。

2022 年 3 月 23 日稿

执着 *的* 季羡林

　　对季老的崇拜，原因有两个。其一是我曾仔细拜读过他生前所写的那篇《九十述怀》，被他专研学问的执着感动过；其二是 2014 年我带女儿去北京大学参观，得知他是北大唯一的一位终身教授，又增添了几分敬意。

　　1911 年 8 月 6 日，季羡林出生于山东省清平县官庄，出生时已是家道中落，6 岁便离家，去济南投奔叔父，开始进私塾读书，学习了《百家姓》《千字文》《四书》等课程。1923 年小学毕业后，考取正谊中学。课余时间参加一个古文学习班，读《左传》《战国策》《史记》等，晚上在尚实英文学社继续学习英文。在正谊中学仅读了半年高中，1926 年就转入新成立的山东大学附设高中，开始学习德文，这为以后去德国深造打下了很好的语言根基。1929 年，转入新成立的山东省立济南高中，师从全国知名的作家，如胡也频、董秋芳、夏莱蒂等人。高中毕业后考取国立清华大学和国立北京大学，后入国立清华大学西洋文学系，专修德文。在清华期间就开始发表散文和译文，对写作产生了浓厚的兴趣。清华四年，季先生自觉没有从主修的课程中收获什么，给他留下深远影响的课反而是一门旁听课和一门选修课。旁听课是陈寅恪先生的"佛经翻译文学"，选修课是朱光潜先生的"文艺心理学"，也就是美学。

季先生在自传中回忆说，对其影响最深的清华老师主要有西谛先生、雨僧先生（即吴宓教授）、叶公超先生、陈寅恪先生等。尤其让季先生感恩的两位外籍老师分别是他的博士论文导师瓦尔德施米特教授和教吐火罗语的西克教授；国内的恩师特别提到了四人，一位是冯友兰先生，没有他同德国签订德国清华交换研究生合同的话，他根本到不了德国；另两位是胡适之先生和汤用彤先生，没有他俩的提携，季羡林根本上不了北人的讲台当教授；最后要特别感谢的便是陈寅恪先生，是他带自己走上了一条扎实的治学道路。老师的力量是不容低估的，俗话说："读万卷书，不如行万里路；行万里路，不如名师指路。"就是这个道理。

假如没有第二次世界大战的爆发，季羡林也就没有十年的留德时光了，他所谓的留德，实际上就是滞留。当时清华与德国学术交换处订的合同，规定学习期限只有两年，季羡林也只打算在德国住两年。转眼到了1937年，国内却爆发了七七事变，季羡林的家乡山东济南被日军占领，他没有退路，便留下来在德国汉学研究所工作。到了1939年，第二次世界大战全面爆发，他根本出不了德国，只能一边艰难地继续学业，主修梵文和巴利文，一边尝试寻求回国。然而此时的德国已经陷入了战争的泥潭，整个德国笼罩在恐怖的阴影中。第二次世界大战后期，哥廷根这座城市几乎每天都有轰炸，季羡林每天都在饥饿和痛苦中挣扎，直至熬到了盟军的解放。也正是由于第二次世界大战，季羡林才有机会跟随吐火罗文的世界权威西克教授潜心学习，并使自己成为世界上少有的精通此语言的学者之一，最终也为自己赢得了国学大师、学界泰斗、国宝的三重称号。

"文革"中，季羡林也受到了"四人帮"的残酷迫害，可他总是一副大义凛然的样子，坚信这样的日子很快会过去。季羡林在以后的自述中很少提及这段不堪回首的往事，他在自己的《八十述怀》和《九十述怀》中写得更多的是求学路上的坎坷、对恩师的怀念，以及学术领域的孜孜以求。季羡林原本想活到期颐之年，然后写个《百岁述怀》再走的，可惜天不假年，他活到98岁就告别了这个世界，但这已经是一个令人称羡的高龄了。

其实，1978年"文革"结束不久，季羡林就开始担任北京大学东语系的系主任，并被任命为北京大学副校长。燕园成了季羡林一生最美好的回忆，他年复一年地看着未名湖里的荷花开了又枯，枯了又荣。他一生几乎都泡在象牙塔里沉思，在图书馆里笔耕，在三尺讲坛传道授业。他的生活略显单调，却自得其乐，乐在其中。

季老悄悄筑起了自己的"学术围城"，城外的人只能仰望。

2022年4月17日稿

倔强 的 傅雷

　　说起傅雷，我们首先想到的便是他的那本《傅雷家书》。的确，中国历史上以写家书扬名的只有两人，除了曾国藩，便是傅雷。我们还知道傅雷是自杀而死的，死于那个荒诞的岁月。

　　这样一位优秀的翻译家、作家、教育家、美术评论家、中国民主促进会的重要缔造者究竟是怎样一步步走向死亡的，这引起了我很大的研究兴趣。

　　1908 年 4 月 7 日，他出生于江苏南汇周浦镇。幼年丧父，由母亲教育成人，可能他母亲望子成龙心切，以至于显得有点不近人情。后来傅雷教育长子傅聪的方式，也是继承了母亲的这一理念。研究者都认为傅雷的性格很像他的母亲，外冷而内热，外表怪僻而内心热诚。

1921年，傅雷考取教会学校徐汇公学。初入这所学校，傅雷有些不适应。法语是徐汇公学的主课，每天上两节，傅雷在这里打下了深厚的法语基础，为以后留学法国和翻译法国作家的名著准备了条件。傅雷原名怒安，15岁时另取名为雷。由于傅雷反对宗教信仰，故在徐汇公学未正式毕业就被开除了。离开学校后，他又考入了上海大同大学附属中学，1925年，受震惊中外的五卅惨案的刺激，他无限的爱国热情被激发了，他上街游行而遭到逮捕。

1927年，"四·一二"反革命政变爆发，社会形势急转直下，母亲变卖田产让他留学法国。法国留学前，他便与表妹朱梅馥订婚。可到了法国，还是抵挡不住性感、开朗的法国女郎的诱惑，他爱上了玛德琳小姐，后来两人因为中西道德伦理观念的不合而分手。1931年9月，傅雷回国，好友刘海粟聘他为上海美术专科学校的办公室主任，兼授西方美术史、法语。

1932年，傅雷才与表妹朱梅馥结婚。朱梅馥端庄秀丽，娴淑豁达，受过良好的现代教育，毕业于上海晏摩氏女中。她不仅通晓英语，文笔也是流畅优美，她身上几乎集合了所有东方女性的美德。而傅雷性格古怪易怒，很难与人相处，幸好朱梅馥的性格文静随和，任劳任怨，相夫教子，才弥补了夫妻生活中的诸多"不和谐"。朱梅馥在婚姻生活中其实是在屡屡迁就傅雷，她既要充当妻子的角色，又要充当母亲的角色，不断纵容着性格怪异的傅雷（这在杨绛的回忆录中有记述）。正是有朱梅馥的无私照顾，才成全了傅雷的事业。1935年，傅雷成功翻译出版了罗曼·罗兰的三大名人传，同时完成了他一生中唯一一部系统性的学术专著《世界美术名作二十讲》。

由于傅雷的思想性格一向以孤傲倔强、刚烈秉直而出名，喜怒常表现在脸上，因此得罪过许多人。他批评过当时的才女张爱玲，他还和柯灵有过过节，甚至和几十年的好友刘抗都反目成仇，他的倔强执拗已经达到常人无法容忍的程度。然而他的严肃孤寂中又深藏着天真烂漫和稚稚童心，所以他的翻译作品能达到一般文人无法企及的高度。

傅雷不仅以译作传世，他的魅力更来自作为一个现代知识分子的传统精神：胸存忧患，一丝不苟；为人刚正不阿，从来不媚俗；治学严谨且多才多艺。抗战结束后，他同马叙伦、王绍鏊等发起组建"中国民主促进会"，为推进中国民主政治做出了重大贡献。1954年，他的长子傅聪留学波兰。1954年到1966年5月间，傅雷与傅聪书信往来频繁，傅雷在书信中讲了许多为人处世的细节和治学的道理。1981年，这些家信由次子傅敏编辑成《傅雷家书》正式出版，引起轰动。

1966年8月底，"文化大革命"开始如火如荼地进行，傅雷家亦遭到红卫兵的查抄，经历连续几天的批斗，还有罚跪、戴高帽等各种形式的凌辱，一向桀骜不驯的傅雷终于受不了非人的折磨，和夫人朱梅馥选择自缢，事先还在下面铺了一条棉被，以免踢掉的凳子惊扰到楼下的邻居。他死后，骨灰盒被江小燕等有良知的好心人冒死救下。"文革"结束后，他也恢复了名誉，骨灰移葬上海革命烈士公墓，冤屈终于昭雪，九泉之下的傅雷也算得到了宽慰。

　　他的一片赤子之心终没有抵挡住"历史的洪流"，他倒在了黎明前的黑暗里，却为中国文人保留了一丝尊严。他留下的译作和书信，或许是留给后人最好的礼物，里面没有暴力和恐怖，只有温馨与父爱。

2022 年 5 月 12 日稿

惆
怅
的
戴
望
舒

　　认识戴望舒还是因为他的那首《雨巷》。20 世纪 90 年代，我在杭州大学读书，室友在寝室内高声朗诵着他的诗篇，我一下子从床上跳了起来，仿佛触电一般，我说："这《雨巷》诗是谁写的？意境怎么这么美？"

　　从此我便崇拜起这位"雨巷诗人"，也关注起他的经历。时间追溯到 1905 年，戴望舒出生在杭州，美丽的西湖、秀丽的风景，应该给了他许多美好的童年回忆。可他依旧是不幸的，一场天花给他帅气的脸上留下了麻子，同时也让他的内心生出了几分自卑。1919 年，戴望舒考入了杭州崇文中学，在这里开启了他一生的文学之路，也结识了他生命中一个非常重要的朋友——施蛰存。两人于 1925 年同时考进上海大学，后因五卅惨案，上海大学被查封，戴望舒转而进入震旦学院，主修法语。在法国神父樊国栋的严厉要求下，他的法语基本功打得极为扎实，这为他后来留学法国，以及翻译法国诗人的作品奠定了基础。

1927 年，戴望舒在好友施蛰存家邂逅了生命中的第一个爱人——施绛年（施蛰存的妹妹），也因她萌生了诗歌创作的激情，这首广为传诵的《雨巷》据说就是戴望舒写给这位初恋女友的。1932 年底，为了兑现对施绛年的承诺，戴望舒前往法国留学。先是留在巴黎，在巴黎大学旁听，后又去另一所学校学习西班牙语，最后又去了里昂中法大学。在中法大学学习一年多时间，由于不上课，不按时交作业，年终也不参加考试，而是把大量的时间花在了阅读和翻译法国文学作品上，终被学校开除。1935 年初，戴望舒被迫乘船回国，得知施绛年已心有所属，竟打了她一记耳光，两人随即解除了婚约，那个丁香一样芬芳的女子终于离他而去了，留下他一个人默默彳亍着，冷漠，凄清，又惆怅。

戴望舒很快又迎来了一段新的恋情，经好友穆时英介绍，他迎娶了正值花季年华的穆丽娟（穆时英的妹妹）。1936 年10 月，戴望舒与卞之琳、孙大雨、梁宗岱、冯至等人创办了《新诗》月刊，此刊又因抗日战争的全面爆发而停办。后来戴望舒在好友的介绍下去了香港，1941年年底，日本偷袭珍珠港，随后占领香港。戴望舒因为舍不得他的书，甘愿留在香港，不久被两个日本特务带走，在阴森潮湿的监牢里遭受了残酷的迫害。可他始终没有供出有抗日倾向的"文协"会员，尤其保护了有极端抗日思想的端木蕻良。后来在叶灵凤的积极营救下，1942年5月，戴望舒从狱中被保释出来。但经过种种折磨，他的身体已经彻底垮掉了，38岁的年龄显得有点老态。出狱后的戴望舒却没有得到应有的同情，相反，还有人诬陷他。此时，因为大舅子穆时英沦为"汉奸"惨遭暗杀，戴望舒与穆丽娟也发生了口角，最后分手收场，穆丽娟带着女儿头也不回地去了上海。而戴望舒又迎来了"桃花运"，1943年，他在香港与比他小二十一岁的杨静女士结婚。1946年3月，戴望舒来到了上海，经周煦良介绍，任暨南大学教授，教授西班牙文。

戴望舒总有一颗强烈的爱国心，因他参加教授联谊会，支持进步学生的爱国民主运动，被暨南大学解除聘约，随后去上海市立师范专科学校任教授，担任中文系主任。之后又因参加教授罢课而被诬告为"汉奸文人"，被迫携妻女又来到了香港。此时的他与杨静女士的感情也出现了裂痕，并于1949年2月宣告离婚，戴望舒无奈离开香港去往北平，1950年在北京病逝，享年只有45岁。

在他短暂的生命旅程中，仅为我们留下了 90 余首诗作，数量不多，却呈现了许多惊艳唯美的语言，发出了无数对命运的拷问与叹息。同时，他在翻译方面的成就也绝不逊于诗歌创作的成果，他的写作和翻译始终是齐头并进、相辅相成、彼此促进的。尤其他未竟的译作——《洛尔伽诗钞》，更是影响了北岛、顾城、柏桦、翟永明等一大批当代杰出诗人。

戴望舒嗜书如命，爱诗如恋人。可唯美的诗篇并没有挽留住三位佳人。在柴米油盐的现实世界里，这位"雨巷诗人"最终消了他的颜色，散了他的芬芳，消散了，甚至他的太息般的眼光。

2022 年 5 月 14 日稿

薄命 的 萧红

　　读懂萧红，必看她的那本《呼兰河传》，这部小说似乎不像小说，更像是一篇叙事诗，一幅多彩的风情画，一首凄婉的民歌谣。

　　辛亥革命那一年，萧红出生于黑龙江省哈尔滨市呼兰区一个地主家庭。8 岁时，生母姜玉兰就感染霍乱离开人世，父亲张廷举又续娶梁亚兰。生父和继母都不疼爱她，唯有祖父保护她，呵护她。萧红在她的成名作《呼兰河传》中深情记述了自己与祖父一起度过的美好时光。她说父亲经常打她，继母责骂她，可祖父那无私隔代的爱，还是让她度过了一个值得回味的童年。

1929 年，祖父去世，萧红悲痛欲绝，当晚还饮了酒，对家庭也没了感情和留恋。第二年，初中毕业，她就只身一人去了北平，离开家庭的资助，生活很快陷入困顿，于是又返回家中，被家人囚禁起来。先与未婚夫汪恩甲解除婚约，随后两人又莫名其妙地走到了一起，并怀孕了。可是汪恩甲是一个不负责任的男人，尽管他也考入了法政大学，可吸食鸦片，浪荡的习气没有改变，萧红临产前夕，他竟不辞而别。留在旅馆待孕的萧红无奈之下向哈尔滨《国际协报》副刊编辑裴馨园求助，报社派萧军前去营救，两人遂成密友，并在文学道路上互有鼓励。后来萧军在《青岛晨报》任主编，萧红在这期间完成了著名的中篇小说——《生死场》。两人还与上海的鲁迅先生取得联系，并成了鲁迅家中的常客，萧红一度得到过鲁迅先生无私的指导和热情的接待，成了亦师亦友的异性朋友。鲁迅去世之后，萧红在《鲁迅先生记》《回忆鲁迅先生》等追忆文中对恩师进行了深情的怀念，她的这些怀念文章后来也成了人们研究鲁迅先生的重要素材。

1936 年 7 月，萧红与萧军在感情上也出现了裂痕，核心问题可能是萧军对感情的不忠。为了寻求解脱，萧红只身一人东渡日本。在日本期间，她又忘不了萧军，写了很多信回国，都是"致萧军"，感情之复杂微妙，在萧红身上体现得淋漓尽致。

临终时，萧红还把《生死场》的版权留给了早已分手的萧军（因这部书是他俩在青岛那段美好时光的真实见证），可见萧红对萧军也是有过真爱的。

萧红与端木蕻良认识，是 1937 年抗战全面爆发的时候，东北籍青年作家端木蕻良搬到萧红家里暂居，便日久生情。1938 年 5 月，萧红与端木蕻良结婚。端木蕻良毕业于国立清华大学历史系，创作激情很盛，成果也斐然。应该说，萧红在他的鼓励下，也到达了文学造诣的巅峰。1940 年，她连载完成了《呼兰河传》，堪称现代经典名著。这部小说，萧红完全打破了传统小说单一的叙事模式，而创造了一种介乎小说、散文和诗歌之间的边缘文体，并以其独特的超常规语言、自传式叙事方法、非情节化的结构及诗化风格，形成了别具一格的"萧红体"文风，引起了世人的广泛关注和赞誉。

1942 年 1 月 22 日，半世遭人白眼的萧红含恨离世，年仅 31 岁，真是天妒英才，红颜薄命。她用短暂的一生书写了一部人生传奇，后人称她为 20 世纪 30 年代的"文学洛神"。她含辞未吐，气若幽兰，她是东北大地当之无愧的文学洛神，为国土沦丧而鸣，为底层民众而悲。她短暂的一生就是一部悲情史，她一生嫉恶如仇，又遇人不淑。她是一位弱女子，却被迫在乱世里周旋，一次次地被蹂躏，又一次次地爬起。

美国汉学家葛浩文说："萧红在本质上是个善于描写私人

经验的自传体式作家。"她没有深厚的学术背景，也没有接受良好的教育，她的写作完全是一种呓语式的浅斟低唱，不求所有人都能听懂，只求有一两位知己附和就行。

落红不是无情物，化作尘泥归故乡。萧红其实早已和呼兰河城的黑土地融合在一起，她一直为故土歌唱，为自己悲鸣。

2022 年 5 月 20 日稿

洒脱 的 丰子恺

　　对丰子恺的了解，以前总是朦胧的，似乎从来没有走近过。我只知道他会画、会写，还留学过日本，甚至与李叔同关系密切，其他的事情就不太清楚了。

　　五年前，我细读了《门对孤山不了情》这本书，也算弥补了一点知识的空白。通读此书，我不仅了解了丰子恺的一生，更了解了李叔同、马一浮两位佛学高人。此书以丰子恺在杭州的求学生活经历为线索，新中国成立前后这一特定历史时期为时代背景，向我们展现了一幅宏大的生活画卷，关于那个苦难的年代，还有那些苦中作乐的往事。

丰子恺出生于浙江桐乡石门湾，可他一生最难忘、最美好浪漫的时光却是在杭州度过的，杭州可算作是他的第二故乡。少年时的他，父亲早逝，母亲含辛茹苦地把他姐弟六人带大，后来负笈求学来到美丽的杭州。钱塘江的潮水、西湖的雨景，以及附近莫干山、桐庐等地的风光都让他迷醉，也受到了强烈的艺术熏陶。他在刚刚成立不久的浙江省立第一师范学校里待了五年，这五年中，他结识了李叔同和夏丏尊这两位恩师，在他们的影响下爱上了美术和文学。

应该说李叔同对他的影响是至深的，李叔同出家去往定慧寺前，将自己心爱的物品和照片都赠予爱徒丰子恺。那时李叔同放弃事业和家庭，受戒为僧，为时人所不解，甚至惋惜，可学生丰子恺是相当理解的，他认为恩师出家成为弘一法师是必然的选择，因为人生有三重境界，即物质生活、精神生活和灵魂生活，恩师是选择了最高境界的灵魂生活，非一般人可以比拟。

丰子恺在母亲钟云芳去世后，曾寓居嘉兴，并自嘲是"三湾先生"。他说："我故乡在石门湾，工作在江湾，暂寓杨柳湾，平生与'湾'有缘。"丰子恺的画作中常会出现飘逸的杨柳，这的确和他生活的环境是分不开的。这些倒垂的杨柳，一到春天，柳絮飘飞，漫天飞舞，甚是迷人，也让丰子恺魂牵梦萦。

丰子恺一生的漫画似乎都充满了民间趣味，常寥寥数笔就勾勒出生动传神的生活场景。杭州是他一生都难以忘怀的"精神家园"，后来陪女儿们杭州求学，他就春秋两季客居杭州，而冬夏两季回到石门湾，静静地躲在缘缘堂里画画、写作，度过了一段惬意的时光。

可这逍遥自在的生活，终究被日军的野蛮侵略无情地打破了。他携家人一路逃遁，辗转于桐庐、桂林、宜山、重庆等地。抗日战争胜利后，他重新回到了江南，见故乡缘缘堂已不复存在，便又客居杭州，依旧写作、画画、出游。他似乎永远也逃不出杭州，离不开西湖，他比修筑白堤和苏堤的白居易和苏轼更眷恋杭州的山山水水。杭州这座江南名城，虽不缺丰子恺这样一位艺人为它吟诗作画，可丰子恺已然离不开这座"精神家园"，哪怕战火纷飞，哪怕物是人非。

湖山此地真幽静，门对孤山放鹤亭。或许丰子恺也想成为林逋那样闲云野鹤的高人，在西湖边过起"梅妻鹤子"般的隐逸生活，可生活不许，责任在肩，他始终不能如他的恩师李叔同那样，告别尘世，远离人间烟火。相反，他是热爱现实生活的，他用画笔歌颂美德、鞭挞丑恶，他是真正的人民艺术家，他那生动传神的画作早已成了那个时代最唯美的记忆。

2022年5月21日稿

固执 的 苏雪林

苏雪林也是一位长寿才女，活到了 102 岁，仅次于杨绛先生的 105 岁。很多人对苏女士不太了解，但只要提起一件事，大家就一定会记住她，那便是：她骂鲁迅，骂了一辈子！

她为什么会如此敌视民族脊梁——鲁迅先生？这还要从他俩的过节讲起。据苏雪林自己回忆，她曾在鲁迅先生痛恨的《现代评论》上发表过文章，引起鲁迅的反感。后来在北新书局老板李小峰招待的宴会上，两人不期而遇，鲁迅对她神情傲慢，令苏雪林很不爽。加之鲁迅和苏雪林所崇敬的胡适之、杨荫榆等人关系不睦，怨恨愈发加深。鲁迅去世时，苏雪林还极力劝说蔡元培和马相伯两位重量级元老不要参加他的治丧委员会，引起社会各界一片哗然，骂声也是遍及大江南北，这更激起了她的愤怒，连鲁迅的亡魂都不肯放过。

其实，苏雪林的童年并不幸福，贤良淑德的母亲54岁便去世了，而且她母亲生前受尽了祖母的虐待，这让个性好强的苏雪林从小便坚信女性要独立，必须学习文化知识，固执的性格也因此形成。稍懂事时，母亲便把她和三妹送到安徽的安庆，就读于培媛女校。因这所教会学校洋奴习气太重，苏雪林很讨厌这样的文化侵略，遂入安徽省立第一女子师范学校学习三年，随后又在北京女子高等师范学校学习两年后肄业。在北京学习期间，她对这座历史名城并没有好感，一是因为北京的官僚气太重，二是因为北京的风沙太恐怖。卒业回到安徽，恰好遇见法国里昂中法大学在北京、上海、广州三处招考学生，她便于1921年与本校的105位同学，由吴稚晖先生率领乘海轮赴里昂，就读于中法大学。当时在法国勤工俭学的，就有中国共产党的早期领导人，如周恩来、邓小平、陈毅等。

苏雪林在法留学并非公费，后来又因身体原因在都隆养病，间断完成了学业，于1925年春夏之交登上了回国的轮船。回国后在苏州做了短暂的讲学，又重新回到上海，在沪江大学教了一年书，因不满学生浮华的风气而离开。恰安徽大学新成立，在校长杨亮功先生的邀请下，到安徽大学主讲世界文化史。

在安徽教了一年书，武汉大学又来函相邀，那时袁昌英夫妇和凌叔华夫妇均在武大，苏雪林女士便欣然前往。那时的武汉大学也是新建，地址就在荒坟遍地的珞珈山。苏雪林主讲中国文学史，并在文学院长的推荐下，开始尝试研究《楚辞》。后来，日本全面侵华，武汉大学迁入四川，地址就在乐山县。乐山远离陪都重庆和成都，却也遭到过日军的猛烈轰炸，她几度与死神擦肩而过。在乐山，苏雪林效仿当年的苏轼，教学之余就下地种菜，也算苦中作乐，怡然自得。

抗战结束后，她自知反鲁的历史不太光彩，而且可能带来灾祸，便没有留在内地，毅然决然地去了香港，就职于真理学会。后来为了得到珍贵的研究资料，再度赴法留学。在异国他乡，她除了温习法语，就是搜购神话书籍，以便研究《楚辞》。没几年，她又辗转来到了台北，任教于台湾省立师范学院。1956年，台南的台湾省立工学院改制为成功大学，聘她去当中文系主任。1964年，在成功大学任教满七年后，苏雪林女士再赴新加坡南洋大学任教，那时南洋大学的校长是林语堂。晚年的她，最终回到成功大学，继续研究《楚辞》。1999年4月21日，病逝于成功大学医院，享年102岁。

苏雪林一生反鲁，却酷喜徐志摩，这位当年的诗坛新星，是北京少女界公认的"男神"，才女苏雪林更是狂热的"摩丝"。不过她更看重的是徐志摩身上的才气，只可惜徐志摩36岁便命丧黄泉，让她无缘相见，抱憾终身。

苏雪林还特别仰慕胡适，尽管她不喜欢深奥的哲学问题，可风度翩翩的胡适老师上这门课，让她感觉上哲学课还是一种莫大的"享受"。

苏雪林被后人称为中国现代文坛的"常青树""超级老寿星"，同时她还是集学者、作家和教授于一身的才女，桃李满天下，且学术研究硕果累累。然由于历史的种种原因，台湾与大陆阻隔了半个多世纪，她的故事早被我们遗忘，如今忆起，还颇为滑稽，让人忍俊不禁。

2022 年 7 月 23 日稿

飘
零
的
苏青

　　了解苏青，还是因为她的那本《结婚十年》，文风的辛辣、表达的赤裸、语言的露骨，便有人"加冕"她一顶"文妓"的帽子，此后她一直无法脱掉。在男人强权的社会里，女性文人的悲哀似乎命中注定。

　　20世纪40年代，上海"海派"女作家就有"苏张"双璧之称，"苏"指苏青，"张"即是张爱玲。自古文人相轻，且张爱玲一生孤傲，可她偏偏喜欢苏青，不仅喜欢苏青的文字，还喜欢苏青的为人，于是私下里两人成了无话不谈的闺密，一起逛街，一起看电影，一起聊人生。

苏青也是出身名门，祖父冯丙然给予她无微不至的关怀和严格的教育。成名后的苏青，骨子里的爽利、磊落、热情；及为人处世的智慧，都有祖父的影子。幼时的苏青要比张爱玲幸运许多，她不但有祖父的疼爱，还有母亲和外婆的呵护。父亲冯松雨是留过洋的知识分子，凭借渊博的知识和超前的眼光，赚了不少钱，但也染上了渣男的不良嗜好，酗酒、赌博，长期出入娱乐场所，日子过得挺潇洒，也很风流。可自己的银行事业和身体却渐渐垮了下来，在正直壮年的年纪（苏青11岁时），就抛下了妻儿老小，撒手人寰了。

苏青的母亲鲍竹青也是读过师范的，属于现代女性。苏青的父亲过世后，母亲便带着她回到了宁波那个叫冯家村的地方，因为那儿有冯家的祖业。可是父亲的过早离世，也给苏青的过早订婚、结婚，还有生儿育女埋下了祸根。苏青曾写过一篇《好父亲》，渴望自己能有一位慈父，一位真正的引路人，可是她没有得到。她和张爱玲一样缺失父爱，张爱玲只有父亲的冷落和责骂，而苏青则是因为父亲的英年早逝。缺少父爱的她，真的很希望得到弥补，后来她就爱上了她的大学同学——徐其民，在《结婚十年》里，苏青把他称呼为"应其民"。《结婚十年》其实是苏青的一部自传体小说，书中的"苏怀青"就是她自己，而"徐正甫"就是她的丈夫——李钦后。书中的徐正甫竟爱上了风流寡妇瑞仙，就像李钦后爱上了别的女人，这让苏青无法容忍。

苏青的婚姻属于包办婚姻，但她没有反抗过。因为李钦后也是她的高中同学，就坐在她的后桌，应该说两人是有感情基础的，可随着各自求学，两地分居，感情就慢慢淡化了。后来走入苏青感情生活的徐其民对苏青的怀孕丝毫不介意，他依旧悉心照顾她，这让苏青很迷茫，也很痛苦。1943 年，苏青终于搬出了夫家，与李钦后正式分居。一个别人眼中的"女强人"还是倒在了失败的婚姻里，她在上海这座"孤岛"漂泊度日。权衡再三后，她还是选择在伪市政府秘书处做事，与汉奸市长陈公博、大汉奸周佛海有了亲密接触，甚至与张爱玲的相好——胡兰成也有了千丝万缕的瓜葛，沦为后人不齿的话柄。

苏青在文艺上的才华，从小就有显现。父亲冯松雨曾称她为"鹦鹉""话痨子"，说她讲话滔滔不绝，有点不分场合。中学时代的苏青就出演过话剧，如郭沫若的《卓文君》，王独清的《杨贵妃》，还有易卜生的《出走的娜拉》，各色各样的人物，她都能演绎得惟妙惟肖。抗战时期的苏青，开办出版社，自己办杂志，事业风生水起，蒸蒸日上。1944 年，她又将《风雨谈》杂志上连载的《结婚十年》集结出版，半年内再版达 9 次之多，到了 1948 年，竟然达到了惊人的 18 版，苏青也由此赢得了海派文学领军人物的头衔。

新中国成立后的苏青在九三学社吴藻溪的介绍下，加入了中国共产党组织的妇女团体——妇女生产促进会，还创作了大量越剧作品，其中由她编剧的《宝玉与黛玉》，创造了全国巡演逾300场的芳华越剧团纪录；创作的《屈原》也荣获诸多奖项。可苏青一直没有再婚，1951年已经再婚的前夫李钦后被枪决，苏青带着一双儿女为他收了尸。后来，芳华越剧团接纳了苏青，可她最终没有躲过一轮轮的运动和"文化大革命"，牢狱之灾、关牛棚、批斗、下派到"五七干校"劳动，苏青从一个扯着嗓门说话的女人变成了"哑巴"妇女。

1982年12月，苏青病逝于上海，享年69岁。时隔六年，她的骨灰被外甥带到了大洋彼岸。这或许不是苏青的遗愿，因为她深爱脚下的这片土地，也深爱这片土地上的人民。有人说，如果上海滩还有最后一位穿旗袍的女士，那大致就是苏青了，她是那样的端庄、优雅、大方。

零落成泥辗作尘，只有香如故。尽管苏青的骨灰被带去了美国，可才女作家的余韵一直留在了繁华的上海滩，历久绵长。

2022年9月11日稿

杰出 的 凌叔华

2016 年（丙申年）秋，经徐雁恩师引荐，我有意跟南通
大学的陈学勇教授购买一本他所著的《莲灯微光里的梦：林徽
因的一生》签名本，他回复此书已经售罄，随即给我寄来了一
本《高门巨族的兰花：凌叔华的一生》，他说此书是他 2010
年出版的林徽因传记的姊妹篇，当时我粗粗翻阅了一下，将书
束之高阁，一直没有机缘阅读。

近日写到了才女苏雪林，凌叔华的大名又跳了出来，因为
她俩同为"珞珈三女杰"（另一位是袁昌英），且凌叔华的老
公是陈西滢，在 20 世纪 20 年代就和鲁迅互骂过，名气相当

得大，于是我又想起了陈学勇教授的这本书，便从尘封已久的书架上取了下来，端详品读。

凌叔华出生于官宦世家，父亲凌福彭和康有为同榜考中进士，后授翰林庶吉士，之后到地方任职，担任过天津、保定等地的知府，后又和袁世凯走得比较近，受到器重。母亲李若兰亦精通文墨，对凌叔华的教育尤为上心。童年时期的凌叔华对日本神户印象极深，那时其父凌福彭被派往日本考察，这是一段美好的时光。可他至爱的三个姐姐和一个哥哥（年龄都在20岁以下），却因瀑布溺水而失去了年轻的生命（当时的日本报纸还报道了此事）。这对凌叔华的打击很大，当时她写下了数百字的《哭姊文》，这也是她的"第一次创作"。

原本人丁兴旺的大家庭，一下子失去了四人，这对凌家每个人的打击都是巨大的，母亲李若兰便将全部精力倾注到了淑萍、叔华和淑浩的教育上来。凌叔华先是解除了与赵家的婚约，后来先后就读于天津和北京两地的女子学院，曾和邓颖超同窗。凌叔华喜欢文学和绘画，堪称文画双修的女杰。她还和诗人徐志摩鸿雁传书，引来一阵猜疑，后来竟成了陆小曼的闺密。应该说，徐志摩和陆小曼的结合，凌叔华起了一定的牵线搭桥作用。当年徐志摩思来想去，将自己留学康桥时的英文日记和若干文稿放在一个"八宝箱"里，托凌叔华代为保管，徐志摩不幸飞机失事后，林徽因曾跟她讨要"八宝箱"，凌叔华不给，两人由此结怨，互不往来。

凌叔华不是武汉大学的教授，却被称为"珞珈三杰"，主要与她伴随夫君陈西滢住在武大校园里有关。凌叔华绘画专攻花卉小品，文学创作则以小说闻名。抗战爆发后，凌叔华带着女儿陈小滢回到了四川乐山，在这"让庐"里，三位女杰侃侃而谈，笑声朗朗，全然忘却了战争的恐怖和痛苦。1946年隆冬，抗战已经结束，凌叔华又伴夫君来到了英国伦敦。此时的陈西滢受国民政府的委派，担任联合国教科文组织首席代表，办公地点在巴黎使馆。后来新中国成立，国民党政权败退台湾，旅居海外的凌叔华、陈西滢夫妇也是进退两难。他们定居在欧洲。1959年冬，凌叔华偷偷来到阔别已久的大陆，她非常渴望踏上故土，见见故人。后来她不顾家人的反对，多次走访大陆。同时她也多次去台湾，在那儿结识了一些新朋友，比如大名鼎鼎的林海音。

晚年的凌叔华似一片孤叶，漂泊不定。她非常希望自己能够落叶归根，终于在1989年冬天，在洋女婿秦乃瑞的一路护送下，凌叔华乘飞机飞越万水千山，由担架抬到了北京石景山医院，在医院里，她度过了春暖花开的春天，也度过了九十大寿。临终前，她有一个心愿，就是要再看一眼北海和史家胡同，医护人员不忍拒绝，派救护车一路护送，满足了她最后的要求。

回首"五四"以来第一代著名女作家，与这个世纪同龄，出生于 1900 年的，只有凌叔华、冰心和冯沅君三人。凌叔华的生命定格在第 90 个春秋，这漫长的一生，比早逝的林徽因要幸运许多，比高寿的苏雪林要丰富许多，比她的闺密陆小曼更是辉煌了许多。她一直被圈内人称为"中国的曼殊斐儿"，徐志摩视她为红颜知己，胡适称赞她为"中国传统古画的真正代表"，她活得潇洒通透，她真的是"高门巨族里的一朵兰花"，散发淡淡的幽香，不浓郁，却清新耐闻。

2022 年 9 月 28 日稿

乐 观 的 孙犁

  孙犁是"荷花淀派"的创始人，缘于他出过一本小说散文集——《白洋淀纪事》，中学教材中收录了一部分，我也是从这里了解到孙犁，还有北方抗日军民的生活情况，深刻感受到了他们"苦中作乐"的革命乐观主义精神。

  孙犁的母亲一共生了七个孩子，只有孙犁一个人闯过了生死关，他的五个哥哥姐姐和一个弟弟都不幸夭折了。这对他的母亲打击甚大，但并没有由此娇惯孙犁，还常常教育他："饿死不做贼，屈死不告状。"孙犁小的时候也是多病，但童年还是幸福快乐的。他出生地河北东辽城，给他带来了许多新鲜奇异的生活感受，有大自然的美景，也有农民和船夫们的辛酸劳作。

孙犁在童年时代听了大量的评书，这些民间说书人的故事深深地吸引了他，并给他此后的创作带来了深远的影响。小时候的孙犁还喜欢阅读，他读了《红楼梦》《封神演义》《西游记》等经典名著，也为他的写作打下了基础。孙犁尤其酷爱画画，他常一个人临摹香烟盒上的人物和动物，逼真传神。

1926年，13岁的孙犁由父亲护送乘骡车来到了保定，考入保定育德中学，在育德中学初中部读书期间，开始在校刊《育德月刊》发表作品。1933年，孙犁高中毕业，因为经济原因，没有继续升学。翌年，赴北平谋事，在北平邮政总局谋得了一个职位，并萌生了当作家的愿望。他到大学听课，到图书馆看书，锲而不舍地给报社投稿。1937年，七七事变爆发，孙犁辞去了小学教职，加入抗战工作，并编写了《民族革命战争与戏剧》的小册子，指导敌后的抗日宣传工作。这段时间，他深入冀中，亲历了太多抗日场景，也为他此后富有特色的创作积累了大量的素材。

1938年秋，在冀中区办的抗战学院任教，并将兴趣点转移到文学创作上来。1944年，孙犁赴延安，在鲁迅文学院学习和工作，同时发表了《荷花淀》《芦花荡》等几篇相当有分量的短篇小说，也为他在文坛立足开了个好头。1945年8月抗战胜利，孙犁从延安出发返回家乡。回到家乡，见到阔别已久的父母和妻儿，孙犁有深深的愧疚。他在延安的生活虽说不容易，可敌占区的家人更不容易，特别是他的父亲，为了保护全家人的生命安全，东躲西藏，落下了严重的病根，孙犁回家没多久，他就抱病离世了。父亲的去世，让孙犁感到压力山大，他必须挑起全家生活的重担，于是不停地写作，以求得到一点稿酬。1949 年，他主编《天津日报》的《文艺周刊》，并担任中国作家协会理事、作协天津分会副主席等职。其实从延安工作的时候开始，孙犁凭借他的《白洋淀纪事》已经成为一个有相当知名度的作家，但他从来没有懈怠，他开始创作长篇小说《风云初记》。1956 年，孙犁因长期的劳累而引发了一场大病，这一病就是 10 年。1966 年，"文革"开始，孙犁也没有逃过此劫，当时他在南窗之下摘抄《颜氏家训》时，红卫兵闯进来查抄他的书籍，他的十个书柜的书有多部被列为"珍贵二等"。被查抄多次之后，他的妻子无奈地把一些本子、信件，甚至亲朋好友的照片全部投进了火炉。她不识字，但凭直觉，她知道这些东西对丈夫不利，会招来祸水，让它们"乘火升天"或许是最好的选择。

　　1977 年，"文革"结束，此时的孙犁已经看透了现实生活与人性的丑陋，《人民文学》杂志编辑向孙犁约稿，这才重新燃起了他的创作欲望，他觉得自己应该写点什么，作为留念和反思。于是从 1979 年到 1995 年，他先后出版了《晚华集》

《远道集》《老荒集》《陋巷集》《曲终集》等十个作品集，取名为"耕堂文录十种"。在《曲终集》之后，孙犁决定隐退，彻底告别文坛，结局也算完满。

2002年7月11日6时，享年90岁高龄的孙犁病逝，他爽朗的笑声和深入人心的作品永远留在了人间，读者每读一次，都仿佛是与他开心地交谈。

2023年1月30日稿

朴实 的 赵树理

赵树理对我而言，相对陌生，以前仅有的了解也只限于他那篇收入教材的《小二黑结婚（节选）》。我也没有去过山西，只到过陕晋交界的壶口瀑布。印象中的山西就是一个煤矿大省，以前晋商很牛，现在的煤老板也很牛。

赵树理和孙犁应该都属于解放区作家，是否能称为大师，也一直存在着争议，犹如"左派"和"右派"之争。鉴于他俩都曾有作品收进教材，便姑且纳入大师行列，以飨读者。

赵树理出生在山西南部一个叫沁水县的小县城，人口不足10万，处在苍茫的太行山主峰处。祖父和父亲都会阴阳卦术，能卜会算，赵树理从小也是耳濡目染，渐渐养成了宽厚仁爱、乐善好施的性格。

沁水县最有名的地方戏便是上党梆子，这是山西四大梆子之一，流行于晋东南地区。孩提时代，赵树理便是一个热心的小戏客，这也是他最初级的语言学校，赵树理一字不漏地倾听着、观察着，铭记在心，并在幼小的心里生根发芽，为他之后步入文坛，创立"山药蛋派"埋下了种子。

1925 年夏，赵树理考入山西省立第四师范学校。在那里，赵树理如饥似渴地吞食着古今中外的文学名著，此时的他将近 20 岁了，这个年龄有利于他快速了解作者的感情和写作方法，少走了许多弯路。尤其鲁迅的作品，让他产生了拯救农民的冲动，也开始尝试写作小说。可是此时蒋介石挥舞起屠刀，腰斩了北伐，22 岁的赵树理也永远结束了美好的学生时代。

赵树理的第一份工作就是小学教员，他在沁水县薪水比较高的西关模范小学教书，引起了同行的忌妒，甚至有人告密，说他是共产党。赵树理因此被监禁一年。出狱后，他变得更加坚强，也更加深沉了。此时的赵树理在太原绥靖公署谋到了一个录事的小职务，可内心是相当彷徨的。1930 年的岁末，他奋笔写下了一首长达 84 行的七言旧诗《打卦歌》，这是他公开发表的第一篇文学作品，也是对卑微的衙门生活的一种发泄与控诉。1936 年夏天，史纪言、王中青等好友回长治办乡村师范学校，他们邀请赵树理去当国文教员。这时候的赵树理打算在这里实践他所信仰的陶行知理论，于是把自己全部的精力和热情投入了乡村教育中。可事情并没有如他所愿，正当他想轰轰烈烈大干一番的时候，1936年的春天，他又被捕入狱了。出狱后，他对太原已经失去了好感，决计回乡。1937年，七七事变爆发，乡村师范学校停办，赵树理又回阳城参加了"牺盟会"。1939年，阎锡山发动反革命政变，公开逮捕牺盟会员。赵树理东躲西藏，在抗日最为艰难的相持阶段，他在《黄河日报》担任副刊《山地》的责任编辑，专门揭发阎锡山的罪行，赵树理的笔就是最锋利的武器，让汉奸反动派们恨之入骨。

1943年可谓是赵树理有生以来最为幸福的一年，这一年的9月，他写出了轰动全国的成名之作《小二黑结婚》，这时的他只有37岁，正是意气风发、精力充沛的年龄。小二黑结婚的故事，在农村引起了轰动，并被数以百计的剧团用形形色色的剧种搬上了舞台。趁热打铁，赵树理随后又创作了《李有才板话》，这两篇巨著的问世，奠定了他在文坛的地位，也使他成了远近闻名的名人。《李有才板话》更被列为解放区干部的学习参考资料。1945年冬，阔别家乡多年的赵树理回家探亲，父亲的惨死和妻子的劳累，让他无比心酸。他在故居西小楼上创作了长篇小说《李家庄的变迁》，深刻揭露了旧社会地主集团对贫下中农的种种剥削和压迫，也为随后上党战役的胜利起到了很好的宣传发动作用。

新中国成立后，赵树理也随人民解放军进京了，他还作为全国文艺界的代表出席了中国人民政治协商会议。在权力和丰厚的稿酬面前，他并没有迷失自我，他时常拿出钱财资助那些贫苦的底层劳动人民，还着手创作长篇小说《三里湾》。作为一名有良知的作家，他没有被假大空的思想蒙蔽，面对浮夸和"大跃进"的错误言论和做法，赵树理还是理直气壮地站了出来，进行针锋相对的抨击。于是，1959年"反右"倾时，他成了全国作家协会重点批判的对象。"文革"期间，赵树理又成了"周扬树立的黑标兵"，遭到长期的迫害与批斗，被打断肋骨，又摔断髋骨。1970年，一身正气的赵树理终于倒下了，含冤逝世时只有64岁。1978年10月17日，党中央、国务院为赵树理平反昭雪，他的骨灰被安放在了北京八宝山革命公墓里，也算告慰了冤魂。

他是农民的儿子，一生写农民，讴歌农民，他没有等到平反昭雪的那一天，他的作品却一直焕发着顽强的生命力，如今读来，恍如昨日，充满了生活气息。

2023年3月7日稿

多产 的 张恨水

　　张恨水是妇孺皆知的作家，缘于他曾在 20 世纪 30 年代出版过红遍大江南北的《金粉世家》和《啼笑因缘》，至今尚有相当大的知名度与影响力。

　　张恨水，原名张心远，安徽安庆潜山人，因喜欢李煜《相见欢》中的那句"自是人生长恨水长东"，遂改笔名为"张恨水"。张恨水一生著作等身，且诗词歌赋、琴棋书画样样精通，能够同时期写几部长篇，在几家报社连载，文思泉涌，堪称奇才，被后人尊为"中国言情小说之父""鸳鸯蝴蝶派的开山鼻祖"。

　　张恨水的父亲张开甲曾是清军参将，故而张恨水称自己是

"武门之后"。张恨水 1895 年出生于安徽安庆，安庆在太平天国运动期间是主要的战场，众多战争遗址给童年的张恨水留下了难以磨灭的印象，也提供了创作的素材。因家道中落，父亲早逝，他便随母亲从父亲的官衙回到老家潜山，后就读于苏州的蒙藏垦殖学校。

1914 年，张恨水在本家叔叔创办的上海报馆里工作，开始了媒体创作生涯。张恨水写文章完全是在谋生，标准的"爬格子吃饭"。他在 50 多年的写作生涯中，共完成了 3000 万字的作品，中长篇小说达到 110 部以上，被老舍称为"真正的文人"。粉丝更是不分年龄，不辨群体，连识字不多的胡适夫人——江冬秀对他的小说也是爱不释手。

张恨水结过三次婚。第一次是包办婚姻，是母亲帮他选定的媳妇，名叫徐文淑。第二位夫人是朋友介绍的胡秋霞女士（原名招娣，张恨水喜《滕王阁序》中的"落霞与孤鹜齐飞，秋水共长天一色"一句，为其改名为"秋霞"）。第三位夫人是他的学生，名叫周淑云，后来张恨水又帮她改名为周南，取《诗经·周南·桃夭》中有"桃之夭夭，灼灼其华。之子于归，宜其室家"之句。三位夫人，他最爱周南。张恨水迎娶周南时，胡秋霞还曾撒泼打滚加以阻拦，最后只是徒劳。据说张恨水的那部《那一场风花雪月的往事之琴瑟双音》就是讲述他与周南的爱情故事。世人说他的爱情故事比小说更精彩，艺术的确来源于生活，也许没有这些真实的感情生活，张恨水也很难写出风靡全国的言情小说吧？

据张恨水与周南所生五子——张伍先生回忆，张恨水在抗战期间一直生活在重庆，当时第三任妻子周南陪伴左右。尽管山城重庆常遭日机轰炸，可丝毫没有影响到张恨水的幸福生活，他常常苦中作乐，写作之余带孩子们上山采摘野花，供案头欣赏。因为周南喜欢唱戏，张恨水还自学起京胡，以助雅兴。抗日战争结束后，张恨水便携周南及孩子沿着长江顺流而下，来到了阔别多年的家乡。张伍还清楚地记得："父亲顾不上尘土的肮脏，远远地向祖母跪了下来……"的确，只有经过战争离乱的人，才知道思念亲人的痛苦；只有经过战火淬炼的人，才懂得战后重逢的可贵。这一幕，我似乎在赵树理的传记中也看到过。那个年代，骨肉分离，一个在沦陷区，一个在大后方，大家都不知道战争何时会结束，这种"生离"似乎比"死别"更揪心。

张恨水被称为那个年代的顶流写手，业余写作的收入是鲁迅稿酬的两倍，江湖传言他一部书的酬金甚至可以买下一座王府。想来也是，他能够在那个动乱的年代养活三个老婆，十三个儿女，没有丰厚的版税是不行的。然"文人爱财，取之有道"，张恨水完全是靠自己的写作天赋实现了财务自由。

张恨水后来带着子女一直生活在北平。1949 年，北平宣布和平解放，张恨水就得了脑溢血，经医生的全力抢救，勉强活了过来，却在病榻缠绵了三年多时间。这时周南挑起了全家生活的重担，由于操劳过度，居然走在了张恨水的前面。周南40多岁早早离世，对张恨水的打击是致命的，他开始变得沉默寡言了，常常一个人去爱妻的墓地，还写下了凄凉的《悼亡吟》。此后，二夫人胡秋霞则默默地陪伴在他的身边，直到1967年张恨水在北京病逝。

张伍还回忆说："诚如读者所见，父亲在他的小说中对社会的透视可谓鞭辟入理，而我们做子女的却知道，在实际的社会生活中，父亲又常常显得十足的无知和幼稚。"

多情却似总无情，世人哪知才子情？一个超级的写手、多产的小说家、天生的情种就此陨落了，临终前没有一声呻吟，也没有一丝痛苦，安详而平静地告别了这个世界，这或许也是一种福气。

2023 年 3 月 23 日稿

热忱 的 俞平伯

　　我在自己学校的图书馆里没有查到有关俞平伯大师的传记，中午时分，就匆忙赶往县图书馆找寻。大厅的管理员告知我：读者只需登陆县图书馆的微信公众号，就可以自己找书。那真是太方便了！加之我精通"中国图书馆分类法"，便立马在二楼的 K 大类书库里找到了两本心仪的好书，分别是《红学才子俞平伯》和《旧燕知草：俞平伯人生智慧》，打开书页，如见其人。

　　俞平伯的曾祖父是清代国学大师俞樾，当年他的那首诗对"花落春仍在，天时尚艳阳"赢得曾国藩的赞许，取得保和殿复试第一名，至今传为佳话。俞平伯的父亲俞陛云更是戊戌变法那年（1898年）的探花，一门两进士，绝对是万众景仰的"书香门第"。

俞平伯原籍浙江德清，出生地却在江苏苏州。1911年，俞平伯13岁时开始接触《红楼梦》，从此便与"红学"结下了缘份，但俞平伯并不像那些痴狂的"红迷"朋友，一读《红楼梦》就欢喜得不行。相反，他那时还有点讨厌这部作品，更喜欢《三国演义》和《荡寇志》等男孩子热衷的读物。1915年，俞平伯考上了国立北京大学，与傅斯年、许德珩同学。1917年，19岁的俞平伯就迎娶了舅舅许引之的女儿——许宝驯，两人伉俪情深，从未吵过架，甚至没有红过脸，坎坎坷坷共度一生，真是相当难得。

1920年1月4日，俞平伯从上海出发，乘轮船赴英国留学，同行的还有北大的同学——傅斯年，两人在轮船上细读细谈了《红楼梦》，为俞平伯的"红学"研究打下了基础。令人匪夷所思的是，俞平伯在伦敦只住了13天就乘日本邮船"佐渡丸号"回国了。俞平伯在后来的回忆录里并没有为此事后悔，相反，他的亲朋好友都替他感到惋惜。英国回来后，他不断地写诗、写文章，并陆陆续续地在刊物上发表。他还对蔡元培的"红学观点"提出过质疑，这种勇敢挑战学术权威的做法，是新红学诞生的先声。后来俞平伯又多次与顾颉刚先生通信，讨论"红学"问题，此后他将书信汇编成册，便成了《红楼梦辨》。

俞平伯是个感情相当细密的人，对朋友之情也是相当看重，他一生与朱自清、叶圣陶的友好关系就能说明一切。1928 年 8 月，当时的国民政府决定，把清华学校改为国立清华大学，任命罗家伦为首任校长。10 月，罗家伦聘请俞平伯到国立清华大学担任中国文学系讲师。1930 年以前，俞平伯一直在国立北京大学、燕京大学等高校兼课。七七事变后，清华、北大全部内迁，俞平伯因为老父老母行动不便，就一直待在沦陷的北平侍奉父母，堪称孝子。

1948 年 8 月 12 日，朱自清逝世，俞平伯无比悲痛，在写给叶圣陶的书信中，表露了自己的伤心之情。新中国成立以后，俞平伯一直是北京大学的教授，在教学之余还抓紧时间写作，写了大量的诗作和学术论文，当然发表最多的还是研究《红楼梦》的文章。1954 年 10 月 18 日，中国作家协会党组开会传达了毛主席《关于红楼梦研究问题的信》。11 月 8 日，《光明日报》发表了郭沫若对该报记者的谈话，指出俞平伯研究《红楼梦》的错误观点所引起的讨论，是当时文化艺术界的一个重大事件。大势之下，俞平伯开始不断地书面检讨，同时被批的还有胡适(此时的胡适远在美国,批斗显得遥不可及)。1966 年，"文革"正式开始，像俞平伯这样早在 12 年前就已被批臭了的大名鼎鼎的"臭知识分子"，又怎么会在这场灾难中幸免？

1969年11月15日，俞平伯同夫人许宝驯一起被下放到了河南信阳的"五七干校"，干校除了上劳动课，更主要的任务自然是政治学习，接受贫下中农的再教育。1971年1月，在周恩来总理的特别关照下，俞平伯夫妇与其他10位著名学者返回北京，回城后虽然还要参加思想学习班，每天自我检讨和检查，但毕竟不用干农活了，房间里也有了暖气，吃喝拉撒不用出门，俞平伯已觉"非常幸福"。

和俞平伯相濡以沫的妻子许宝驯于1982年去世，此时的俞平伯早就平反了，生活也开始优渥起来，可他已经不敢讲，更不敢写了，尤其讨厌别人称他为"红学专家"。2023年，浙江省高考语文开始采用全国卷，《红楼梦》代替《论语》进了教材，"红学"又火了起来，为了配合教学，2021年伊始，我又精读了一遍《红楼梦》，还细细研究了胡适、张爱玲、刘心武、马瑞芳、蒋勋、周汝昌等名人对"红学"的看法，其中最绕不过去的一个红学专家非俞平伯莫属。

人说"开谈不说红楼梦，读尽诗书也枉然"。晚年的俞平伯其实很想再谈"红学"，可是历史的教训让他欲言又止，他不仅讲话吞吞吐吐，而且晦涩难懂，这是时代的遗憾，也是"红学史"的一大遗憾。

2023年3月28日稿

书评

胥嘉政[*]

罗秉利老师是我读高中时的阅读课老师，至今犹记当年课上的诸多美好往事，或是在图书馆阅览室里度过一段书香陪伴的午后时光，亦或是听罗老师讲解许多风云人物的传奇经历。

刚进创新班时，罗老师还表扬过我写的一篇读后感，课后交流中，老师又建议我多读些名人传记，他说这些书可以带我了解名人的不凡事迹，并从他们的际遇中得到许多为人处世的启发，甚至家国情怀的鼓舞。

我还记得老师推荐过《苏东坡传》一书，这本书我初读便爱不释手。"回首向来萧瑟处，也无风雨也无晴"，苏东坡的超然与洒脱曾经无数次让我豁然开朗。

罗老师在我的印象中一直是博览群书、笔耕不辍的。在课堂上，他常常眉飞色舞地讲述许多名人的故事，娓娓道来，引

注：作者系浙江省长兴中学2018届毕业生（当年高考全省第三名），现于清华大学计算机系攻读博士学位。

人入胜。他也总是坚持不懈地撰写文章发表，许多文字对当时还是高中学生的我颇有启发。

得知老师《大师印象》一书即将出版，很是欣喜，匆匆浏览，仿佛昨日重现。老师选取了中国现当代 46 位文化名人，其中有"中国现代六大家"，有清华国学院"四大导师"，很多都是我仰慕已久的大师。书中有许多名人轶事，于我而言也是第一次听说，饶有趣味。这本书就像打开了一扇窗，透过这扇窗，可见人间烟火，可知世事沧桑，有人生际遇间的悲欢离合，也有上下求索中的生生不息。

《大师印象》这本书是罗老师历时三年写成的作品，作为昔日学生的我对此深感敬佩。文化名人的人生经历可以给人鼓舞，给人启迪，而罗老师的文采则是书写这些大师的生花妙笔，值得拜读。

2023 年 4 月 19 日